互联网+珠宝系列教材
高等教育珠宝专业"十三五"规划教材

珠宝网络营销实操

ZHUBAO WANGLUO YINGXIAO SHICAO

主　编：周　燕　夏旭秀　黄德晶
副主编：李　刚　黄文莉　魏会朴
参　编：万　莉　陈秀英　丁瑞君

内 容 提 要

本书是全新的有关珠宝网络营销的专业教材。它根据珠宝行业特点,按珠宝网络营销岗位职责和要求编写,是一批富有珠宝网络营销教学经验的大中专教师和珠宝网络营销从业人员的精心之作。

它将您带入珠宝行业,去认识珠宝网络营销,如何运营珠宝网店、网站,如何从事珠宝网络营销文案、美工、客服、营销推广等工作,并附有部分知识测评题目和答案,便于您学以致用。本书以国家标准为依据,主要使用任务驱动法,以培养学习能力为目标编写,适合职业院校珠宝及相关专业的学生学习使用,也适合珠宝网络营销从业人员参考、运用。

图书在版编目(CIP)数据

珠宝网络营销实操/周燕,夏旭秀,黄德晶主编. —武汉:中国地质大学出版社,2018.7
(2019.7重印)

ISBN 978-7-5625-4348-0

Ⅰ.①珠…
Ⅱ.①周…②夏…③黄
Ⅲ.①宝石-网络营销-教材②首饰-网络营销-教材
Ⅳ.①F768.7

中国版本图书馆 CIP 数据核字(2018)第 162625 号

珠宝网络营销实操	周 燕 夏旭秀 黄德晶	主 编		
	李 刚 黄文莉 魏会朴	副主编		

责任编辑:阎 娟 党梅梅	选题策划:张 琰	责任校对:周 旭

出版发行:中国地质大学出版社(武汉市洪山区鲁磨路388号) 邮政编码:430074
电　　话:(027)67883511　　　传真:67883580　　　E-mail:cbb@cug.edu.cn
经　　销:全国新华书店　　　　　　　　　　　　　　http://cugp.cug.edu.cn

开本:787mm×1092mm 1/16　　　　　　　　　字数:359千字　　印张:14
版次:2018年7月第1版　　　　　　　　　　　　印次:2019年7月第2次印刷
印刷:荆州鸿盛印务有限公司

ISBN 978-7-5625-4348-0　　　　　　　　　　　　　　　　　定价:45.00元

如有印装质量问题请与印刷厂联系调换

前言

　　互联网技术的高速发展推动了网络营销的普及,在珠宝销售中,网络营销所占的比重越来越大,珠宝网络营销工作岗位人员需求量也随之剧增,人才缺口大,市场上缺少合适的专业教材和指导书。因此,在中国地质大学出版社的组织下,相关院校的专业教师进行了本教材的编写,期待能为珠宝网络营销教学,为运营珠宝网店、网站,为珠宝网络营销文案、美工、客服、营销推广等岗位工作人员提供帮助,为培养珠宝网络营销就业创业人才服务。

　　本教材在内容和形式上具有以下特色:

　　(1)以国家标准为依据:教材编写中,涉及珠宝行业相关词汇、术语、规范的地方,均以国家标准为依据,如《珠宝玉石 名称》(GB/T 16552—2017)、《珠宝玉石鉴定》(GB/T 16553—2017)、《钻石分级》(GB/T 16554—2017)、《首饰 贵金属纯度的规定及命名方法》(GB/T 11887—2012)等。

　　(2)以能力培养为目标:本教材全面按照以能力为本的理念来编写,在各任务中明确提出了能力目标、学习效果测评等模块,从而确保学生达到一定能力水平。

　　(3)以任务驱动为方法:本教材以"项目引领、任务驱动"为写作方法,按照岗位和工作流程设置项目,每个项目中按照工作内容设计教学任务,使学生在完成任务的过程中"做中学,学中做",在实践中达到知识、能力和素质相结合的目标。

　　在结构上各教学任务设计了五个模块,分别是"任务内容""任务目标与要求""任务实施""任务测评""知识运用",具体介绍如下:

　　(1)"任务内容"模块简要介绍了学生要完成的任务,使学生明确学习内容。

　　(2)"任务目标与要求"模块提出任务完成后学生应达到的知识和能力要求,使学生明确自己的学习目标。

　　(3)"任务实施"模块包括"课前准备""知识学习""完成任务"三部分。

课前准备:安排了需要学生在课前预习、观察、收集资料等的内容和要求,使学生在学习前能有所准备。

知识学习:介绍了在完成任务中学生需要了解、熟悉、掌握的知识。

完成任务:安排了具体的任务和要求,需要学生在实践中进行学习。学生在完成任务后应能积累一定的经验,达到一定的能力水平。

(4)"任务测评"模块包括"知识测评"和"学习效果测评"两部分,要求学生在课后自我测评知识的掌握程度和学习效果。

(5)"知识运用"模块则提醒学生在课后应将所学的知识运用到企业的电子商务实践中去,学以致用。

全书共分六个项目,以珠宝网络营销工作需求为主线编写。在阅读本书的过程中,学生将逐步认识珠宝网络营销,学习运营珠宝网店、网站,进行珠宝网络营销文案、美工、客服、营销推广等岗位有关知识的学习并进行实操训练。

全书由周燕、夏旭秀、黄德晶担任主编,李刚、黄文莉、魏会朴担任副主编,万莉、陈秀英、丁瑞君也参与了编写工作。

本书的编写得到了很多前辈、同仁、企业与学校领导的帮助和指导;专业老师陈福玲、夏城磊、卢保奇、张晓辉提出了宝贵建议;佐卡伊、东华美钻、周小宝、钻石小鸟、21世纪珠宝网等珠宝企业给予了支持;中国地质大学出版社的各位领导和老师为本书的出版付出了巨大努力!在此,一并表示衷心的感谢!

由于编者的水平有限,加之时间仓促、掌握的资料有限,书中的谬误和疏漏之处一定在所难免。编者诚恳希望并感谢广大同行朋友、教师、学生和读者能够对书中的错误之处给予批评指正,以便今后进一步修正完善。

编　者

2018 年 1 月

目 录

导论 走进珠宝网络营销 ·· (1)
 一、课前准备 ·· (2)
 二、知识学习 ·· (2)
 三、完成任务 ·· (11)

项目一 运营珠宝网店 ·· (14)

 任务一 认识珠宝网店 ·· (15)
  一、课前准备 ·· (15)
  二、知识学习 ·· (16)
  三、完成任务 ·· (21)

 任务二 开通珠宝网店 ·· (24)
  一、课前准备 ·· (24)
  二、知识学习 ·· (25)
  三、完成任务 ·· (28)

 任务三 上传珠宝产品 ·· (31)
  一、课前准备 ·· (32)
  二、知识学习 ·· (32)
  三、完成任务 ·· (34)

 任务四 珠宝网店宣传 ·· (37)
  一、课前准备 ·· (37)
  二、知识学习 ·· (38)
  三、完成任务 ·· (42)

任务五　珠宝产品库存与物流 …………………………………………………… (45)
　　　一、课前准备 ……………………………………………………………………… (46)
　　　二、知识学习 ……………………………………………………………………… (46)
　　　三、完成任务 ……………………………………………………………………… (49)

项目二　运营珠宝网站 ………………………………………………………… (53)

　　任务一　认识珠宝企业网站的营销功能 …………………………………………… (54)
　　　一、课前准备 ……………………………………………………………………… (54)
　　　二、知识学习 ……………………………………………………………………… (55)
　　　三、完成任务 ……………………………………………………………………… (58)

　　任务二　珠宝企业网站建设前期准备 ……………………………………………… (59)
　　　一、课前准备 ……………………………………………………………………… (60)
　　　二、知识学习 ……………………………………………………………………… (60)
　　　三、完成任务 ……………………………………………………………………… (65)

　　任务三　珠宝企业网站的制作 ……………………………………………………… (68)
　　　一、课前准备 ……………………………………………………………………… (68)
　　　二、知识学习 ……………………………………………………………………… (69)
　　　三、完成任务 ……………………………………………………………………… (72)

　　任务四　珠宝企业网站的备案、推广与维护 ……………………………………… (75)
　　　一、课前准备 ……………………………………………………………………… (75)
　　　二、知识学习 ……………………………………………………………………… (75)
　　　三、完成任务 ……………………………………………………………………… (77)

项目三　撰写珠宝网络营销文案 ……………………………………………… (79)

　　任务一　撰写珠宝网店首页文案 …………………………………………………… (80)
　　　一、课前准备 ……………………………………………………………………… (80)
　　　二、知识学习 ……………………………………………………………………… (81)
　　　三、完成任务 ……………………………………………………………………… (86)

　　任务二　撰写珠宝类商品标题和描述性文案 ……………………………………… (88)
　　　一、课前准备 ……………………………………………………………………… (88)
　　　二、知识学习 ……………………………………………………………………… (89)

三、完成任务 ··· (96)

任务三　撰写珠宝网络营销促销文案 ································· (99)
　　一、课前准备 ··· (99)
　　二、知识学习 ··· (99)
　　三、完成任务 ··· (102)

任务四　撰写珠宝营销软文 ··· (105)
　　一、课前准备 ··· (105)
　　二、知识学习 ··· (106)
　　三、完成任务 ··· (110)

项目四　珠宝网络营销美工 ··· (113)

任务一　珠宝网店网站布局和商品展示 ································ (114)
　　一、课前准备 ··· (114)
　　二、知识学习 ··· (114)
　　三、完成任务 ··· (121)

任务二　珠宝网店图片素材拍摄规划 ································ (123)
　　一、课前准备 ··· (124)
　　二、知识学习 ··· (124)
　　三、完成任务 ··· (128)

任务三　珠宝网店商品图片处理 ······································· (131)
　　一、课前准备 ··· (131)
　　二、知识学习 ··· (131)
　　三、完成任务 ··· (142)

项目五　珠宝网络营销客服 ··· (144)

任务一　珠宝网络营销售前准备 ······································· (145)
　　一、课前准备 ··· (145)
　　二、知识学习 ··· (145)
　　三、完成任务 ··· (150)

任务二　珠宝网络营销售中服务 ······································· (154)
　　一、课前准备 ··· (155)

二、知识学习 …………………………………………………………… (155)
　　三、完成任务 …………………………………………………………… (163)

任务三　珠宝网络营销售后服务 ……………………………………………… (165)
　　一、课前准备 …………………………………………………………… (166)
　　二、知识学习 …………………………………………………………… (166)
　　三、完成任务 …………………………………………………………… (173)

项目六　珠宝网络营销推广 …………………………………………………… (176)

任务一　珠宝网络营销推广模式 ……………………………………………… (177)
　　一、课前准备 …………………………………………………………… (177)
　　二、知识学习 …………………………………………………………… (178)
　　三、完成任务 …………………………………………………………… (186)

任务二　珠宝微信营销推广 …………………………………………………… (190)
　　一、课前准备 …………………………………………………………… (191)
　　二、知识学习 …………………………………………………………… (191)
　　三、完成任务 …………………………………………………………… (196)

任务三　珠宝微博营销推广 …………………………………………………… (200)
　　一、课前准备 …………………………………………………………… (200)
　　二、知识学习 …………………………………………………………… (200)
　　三、完成任务 …………………………………………………………… (204)

任务四　珠宝 KOL 营销推广 ………………………………………………… (206)
　　一、课前准备 …………………………………………………………… (207)
　　二、知识学习 …………………………………………………………… (207)
　　三、完成任务 …………………………………………………………… (209)

主要参考文献 …………………………………………………………………… (211)

附录　知识测评参考答案 ……………………………………………………… (212)

导论
走进珠宝网络营销

 内容

走进珠宝网络营销PPT

在导论中,学生将了解珠宝网络营销和电子商务的概念与区别,理解网络营销的优势和适用性,掌握网络安全威胁类型和自我保护的方法,了解珠宝网络营销从业人员的职业道德,认识当前珠宝网络营销企业的岗位职责和要求。

任务 目标与要求

1. 明白网络营销和电子商务的异同
2. 能分析珠宝网络营销的优势和适用性
3. 具备网络安全意识
4. 牢记珠宝网络营销从业人员的职业道德
5. 学会履行珠宝网络营销企业的岗位职责

任务 素质目标

1. 具备珠宝销售人员应有的职业道德和素养
2. 具备主动、热情的服务意识
3. 有较强的沟通能力,有耐心,思维敏捷,亲和力强
4. 工作认真、细致、责任心强,独立工作能力强

任务实施

一、课前准备

请课前查阅各类资料,思考:什么是珠宝网络营销?珠宝商品适合进行网络营销吗?

查阅资料列表:

二、知识学习

(一)网络营销和电子商务的概念与异同

1. 网络营销的概念

网络营销是以互联网为媒介和手段而进行的各种营销活动的总称。其中包括的营销活动有网络调研、网络新产品开发、网络促销、网络分销、网络服务等。网络营销的主要方式有网站、网店、微博、微信营销等。

现在正处于一个飞速发展的、以互联网及计算机应用技术为基础的网络时代。网络应用技术变得越来越成熟,网络操作变得图文并茂、轻松简便,大大加速了互联网商业化的进程。于是,互联网迅速网住了各种各样的人和各行各业,包括消费者、销售商和生产商等一系列的用户群,互联网正逐步演变成"虚拟社会""虚拟市场",因此有机构预言:互联网将成为世界上最多的、效率最高的、最安全的市场。所有这些,客观上为网络营销创造了条件,开辟了广阔的前景。

2. 电子商务的概念

电子商务是以信息网络技术为手段,在互联网(Internet)、企业内部网(Intranet)和增值网(VAN,Value Added Network)上以商品交换为中心,进行交易和相关服务的活动,体现了商业活动各环节的电子化、网络化和信息化。

电子商务的类型一般有:ABC(代理商、商家和消费者,即 Agent、Business、Consumer)、B2B(企业对企业,即 Business-to-Business)、B2C(企业对消费者 Business-to-Consumer)、C2C(个人对消费者,即 Consumer-to-Consumer)、B2G(企业对政府,即 Business-to-Government)、O2O(线上对线下,即 Online to Offline)等。

在进行电子商务活动时,人们不再是面对面的、看着实实在在的货物、靠纸质单据(包括现金)进行买卖交易,而是通过网络,通过网上琳琅满目的商品信息、完善的物流配送系统和方便安全的资金结算系统进行交易(买卖)。

3. 网络营销与电子商务的区别

二者研究范围不同,关注点不同。

电子商务的核心是电子化交易,强调交易方式和交易全过程的各个环节;而网络营销是注重以互联网为主要手段的营销活动,主要研究的是交易及各种宣传推广。具体来说,电子商务的重点是实现电子化的交易;而网络营销的重点在交易的宣传和推广。因此,电子商务可看作是网络营销的高级阶段,企业可开展不同层次的网络营销活动。

电子商务和网络营销既有联系,也有所侧重点,我们应该辩证看待网络营销和电子商务的关系。

(二)珠宝网络营销的优势

早在几年前,美国珠宝网络销售商蓝色尼罗河(Blue Nile)的年珠宝销售额就已经超越了全球第一大珠宝商蒂芙尼。如今,在线珠宝商以其价格低廉和公开透明的特点而征服了无数的消费者。中国目前兴起的珠宝网络销售也在逐渐占据传统实体店市场,产品更是超越以钻石为主的单一品类销售模式的美国,扩展到彩色宝石、翡翠、和田玉等珠宝玉石领域。

可见,珠宝网络营销作为一种新兴的营销方式,与传统营销方式相比具有明显的优势,具体来说有以下几个方面。

1. 利于迅速推广珠宝品牌

网络推广品牌的重要任务之一就是在互联网上建立并推广珠宝企业的品牌,知名企业的线下品牌可以在网上得到延伸。例如,通过网络的品牌建设,增加传播的广度和效率,加强企业营销信息传播的效果,降低营销信息传播的成本。

网络媒介具有传播范围广、速度快、无时间地域限制、无版面约束、多媒体传送、形象生动、双向交流、反馈迅速的特点。网络媒介有利于提高珠宝企业营销信息的传播。

2. 珠宝网络营销能实现产品直销,减轻库存成本,降低经营成本

在网上,任何珠宝企业、个人都不受自身规模的限制,都能平等地获取各种信息。利用互联网,中小珠宝企业只需要花费小成本,就可以迅速建立自己的信息网和贸易网,将产品信息迅速传递到以前只有财力雄厚的珠宝大公司才能接触到的市场中去,平等地与大型珠宝企业竞争。从这个角度来看,珠宝网络营销为刚刚起步且面临强大竞争对手的中小企业提供了一个强有力的竞争武器。

对于实力雄厚的珠宝企业来说,网络营销同样是传播产品信息、获取更多客户的有效方式。

3. 利于消费者拥有更大的选择自由

网络珠宝商的另外一个优势就是给消费者提供了海量的产品信息，顾客可以轻松自由地在线选择自己所需要的产品，而不必外出步行在拥挤的商业街和店铺内。

现在从事珠宝网络销售的经营者都会尽自己所能，把最齐全的产品款式摆放在页面上，一些网络珠宝销售商的可供选择产品多达万余款，例如某网曾经联合近 200 多个知名品牌举办大型回馈活动，仅仅在翡翠玉石上就有超过 1 万款、价值 2 亿元以上的产品供消费者挑选。另外，网络珠宝销售商还会对所销售产品配以详细的产品说明和价格折扣，让消费者可以轻松查阅，这也减少了因为一些传统珠宝商铺中销售员专业知识不够而产生的误会和麻烦。

4. 利于消费者拥有低价、便捷的消费体验

我国是发展中国家，当前人均消费水平不高，低价对于珠宝网销经营者无疑是个极大的优势。因为没有店铺租金、商场扣点、中间商利润、压货资金等相关成本，网络销售珠宝的产品价格要比传统渠道销售珠宝的价格低很多。

另外，便捷也是大多数消费者选择网络购物的原因之一。珠宝消费者可以根据自己的需求在全球范围内，不受地域、时间限制，快速寻找满足自己需求的商品，并进行充分比较，有利于节省消费者的交易时间和交易成本。

当然，万物有所长，也各有所短。作为新兴营销方式，珠宝网络营销具有强大的生命力，但也存在一些不足。例如，珠宝网络营销无法满足消费者个人社交的心理需要，珠宝消费者以购物过程来显示自身社会地位、成就或支付能力等。尽管如此，珠宝网络营销势不可挡，将提高珠宝企业竞争力。

(三)珠宝产品网络营销适用性分析

经过近几年的发展，网络营销作为一种新型销售渠道在营销中占据越来越重要的位置，甚至改变了人们的消费方式和生活习惯。那么，究竟珠宝产品适合网络营销吗？

下面从目标客户、重复购买率、购买体验价值、产品的标准化、产品价格和交易成本六个因素进行分析，如表 0-1 所示。

1. 目标客户

网络营销作为区别于传统店面的一个新渠道，其目标客户主要是接触并乐意尝试新鲜购物方式的人群。年轻人比老年人更具有冒险精神，更加乐意尝试和接受新鲜的生活方式，而且对信息技术的掌握更加熟练，所以是网络营销的主要目标客户人群。

不同种类的珠宝其目标客户不尽相同。例如，钻石饰品主要目标客户为订婚和结婚的年轻人，而翡翠、贵金属饰品等的目标客户年龄跨度较大，还取决于收入水平。因此可以得出结论，在珠宝产品中，钻石饰品具有较高的网络营销适用性；而翡翠、贵金属等具有中等的网络营销适用性。

2. 重复购买率

就网络购买来说,任何消费者在做出第一次购买尝试的时候都会忐忑不安;如果是重复购买产品,则会在一定程度上坦然很多。

表 0-1 珠宝产品网络营销适用性分析表

序号	因素	适合采用网络营销的产品特征	珠宝产品特征
1	目标客户	接触并乐于尝试新鲜购物方式的人群:主要为年轻人	不同珠宝类型,目标客户不同。 钻石饰品:结婚的年轻人; 翡翠等玉石:取决于顾客收入水平; 贵金属饰品:年龄跨度大
2	重复购买率	能够重复购买的产品,重复购买能够抵消不确定的疑虑	再次、多次重复购买率低
3	购买体验价值	产品需提供专业服务、体验少	珠宝需提供专业服务、体验多
4	产品的标准化	标准化程度高,产品信息能准确传递至消费者	不同珠宝类型,其标准程度不同。 钻石饰品:具有完善的标准; 翡翠等玉石:标准程度低; 贵金属饰品:制作标准完善,但设计价值比例越来越大
5	产品价格	价格适中	价格跨度大
6	交易成本	能够极大降低交易成本	能够极大降低交易成本
珠宝网络营销注意事项		综合以上材料进行分析,可知珠宝网店产品选择上应注意以下几点: (1)选择钻石等网络营销适用性较高的珠宝种类; (2)选择适中价格的珠宝为主打产品; (3)传统营销渠道与网络营销协同发展; (4)增加网络的购买体验价值	

珠宝是奢侈品而不是消耗品,消费者重复购买珠宝的次数普遍偏低,只有少数消费者会较多次地购买珠宝。从这一方面来说,珠宝产品的网络适用性较低。

3. 购买体验价值

在消费者进行购买的行为中,企业为消费者提供的不仅仅是产品本身的价值,还包括购物过程中提供的服务、体验等无形价值。在珠宝产品销售中,试戴对比及销售人员进行专业讲解等体验价值对消费者购买而言是不可或缺的。

如果珠宝企业想采用网络营销,应该采取一定的措施为消费者提供体验场所,以弥补网络营销造成的购买体验价值的损失。

4. 产品的标准化

标准化程度越高的产品,企业就越容易通过网络传递给消费者清晰的信息。产品的信息包括产品的内在属性,如基本结构、内容、功能和特点等,以及产品的外在属性,如产品的类型、外观尺寸、颜色、价格等。

对珠宝产品来说,不同材质的产品,其标准化程度也有所不同。如钻石饰品的主要组成为钻石和贵金属,这两种材质都具有国家标准;而翡翠等玉石的标准化程度就低很多,其品质评价很大程度受主观因素的影响。因此,就产品标准化程度来说,钻石和贵金属饰品具有较高的网络营销适用性,而翡翠等玉石网络营销适用性较低。

5. 产品价格

消费者在购买价格过高的产品时,所承担的交易风险更大,一般采取小心谨慎的态度对待。珠宝的价格从几百元到上万元、数百万元不等,跨度较大。因此处于不同价格区间的珠宝具有不同的网络营销适用性。价格偏低,容易让人联想到假冒珠宝;价格偏高,网络购买风险较大;价格适中的珠宝,在大部分销售者能承受的能力范围内,其网络营销适用性较好。

6. 交易成本

网络营销能够减少企业在销售过程中产生的店面租金、装潢费用、人工等成本,使企业在保持一定利润的前提下,能降低网络销售的珠宝价格并取得更大的销量。消费者选择网购,也是看中网络渠道提供的便利、快捷和更低的产品售价。网购,往往意味着减少中间商,尽量获得第一手的货源,得到更低价的商品,这也是消费者从传统渠道转向网络渠道购买的主要动力。

(四)珠宝网络营销安全

网络购物以其便捷、低价的特点成为了众多消费者热衷的消费方式。但在网络营销中,订单信息、账户信息等各种敏感信息都是通过公共的网络传输,使商家和顾客都面临着不同的安全威胁。所以,在开展珠宝网络营销之前,请大家一定要具备网络安全意识,了解常见安全威胁类型,做好自我保护。

1. 商家面临的安全威胁

(1)虚假订单。指冒名者以其他客户的名义来定购商品,而被冒名的客户却被要求付款或返还商品。

(2)物流失误。商家在发货后,可能会因为物流的失误,造成包裹破损或遗失,尽管快递公司可能有一定赔偿,但是因此产生的纠纷会造成商家不必要的人力、物力损失。

(3)信用威胁。个别购买者在付款后,会以未收到货、产品质量差、给商家中差评等进行威胁,迫使商家做出一定让步。

(4)信息泄密。商家的信息和数据在传输过程中有可能受到泄露的威胁。

(5)受到攻击。商家有可能受到专业网络攻击,如攻击者可能向商家的服务器发送大量虚假订单来挤占资源,从而使合法的用户得不到正常的服务。

2. 商家的自我保护

1)保护好账号和密码

(1)请商家尽量设置复杂密码,尽量在密码中插入符号,不要在密码中出现账号,不要使用个人信息作为密码的内容。

(2)请每隔一段时间更新一次密码,新密码不应包括旧密码的内容,并且不应与旧密码相似。

(3)如果是在公共场所使用计算机或手机上网,在登录账户时不要选择保存密码和自动登录,在离开时不要忘记清除用户信息。

2)防止盗图

为防止辛苦拍摄的图片被别人复制或盗用,商家可以在发布产品前对图片进行保护。如在淘宝平台上,可使用"实拍保护"或"图片护盾"功能进行图片保护。

"实拍保护"认证要求图片中图片为真实模特拍摄,有视觉独特性,不能为平铺图;图片主体完整,背景真实清晰;无抠图,未添加边框、LOGO、促销文字、打马赛克等;上传时,选择与图片内容相符合的类目;商家拥有图片完整的著作权,未交予他人或公布于网络。

商家可以对需要保护的图片进行编辑,但不建议过度编辑。可以对模特、背景、衣服等作一些调整,保证调完之后图片还是单张。详情页也可以保护,但是拼接的详情页是不受保护的,建议拼接前将各张单图分别保护再拼接。

3)其他网络安全注意事项

为避免进入网络陷阱,上当受骗,更为了避免企业和顾客的隐私泄露,财产受到损失,网店客服随时需要提高警惕,注意网络安全。主要有:

(1)不要随意接受顾客发来的文件和图片。

(2)不要打开没有安全标识的网络链接。

(3)不要在指定客服平台之外的聊天软件接待顾客。

(五)珠宝网络营销从业人员职业道德

职业道德是人们在一定的职业活动范围内所应遵守的行为规范的总和。珠宝网络营销从业人员职业道德是新型岗位的职业道德,是对传统服务业职业道德的继承和发展。珠宝网络营销从业人员既要遵守网络服务人员的职业道德,同时也要遵守珠宝销售人员的职业道德。珠宝网络营销从业人员应遵守的职业道德主要有:

> 1. 遵纪守法、廉洁奉公
> 2. 爱岗敬业、严格保密
> 3. 主动热情、真诚守信
> 4. 礼貌待客、耐心宽容
> 5. 热爱集体、团队协作
> 6. 不怕吃苦、勇于担当

1. 遵纪守法、廉洁奉公

网络营销从业人员需遵守《计算机信息网络国际联网管理暂行规定》《互联网信息服务管理办法》和《互联网新闻信息服务管理规定》等法律、法规规定，不能在网络上随意发布信息，抄袭、复制、粘贴涉及侵犯他人知识产权、个人隐私和他人人身权利的信息；同时也需要在珠宝销售过程中遵守《中华人民共和国合同法》《中华人民共和国消费者权益保护法》《中华人民共和国产品质量法》《中华人民共和国反不正当竞争法》等法律法规。遵纪守法、廉洁奉公是珠宝电商从业人员职业活动能正常进行的重要保证。

2. 爱岗敬业、严格保密

爱岗敬业指一名优秀的珠宝网络营销从业人员应对其岗位充满热爱，忠于职守，兢兢业业做好每一件事情。

严格保密指珠宝网络营销从业人员需对网络中涉及国家秘密、商业秘密和顾客隐私的信息严格保密，不随意泄露。

3. 主动热情、真诚守信

主动热情指珠宝网络营销从业人员对顾客要主动服务、热情对待，让顾客感受到珠宝电商从业人员的工作激情和积极的工作态度。

真诚守信指珠宝网络营销从业人员要如实介绍商品质量，不夸大商品优点，不隐瞒商品缺点，信守承诺，答应的事情一定要做到，不能做到的要直接说明。

4. 礼貌待客、耐心宽容

礼貌待客是商业服务的基本要求。礼貌待客要求珠宝网络营销从业人员在尊重顾客的基础上，平等对待每一位顾客，不能因为顾客购买金额的多少，而服务态度有所差异，不能因为顾客咨询太简单的问题而嘲笑顾客。

耐心宽容指珠宝网络营销从业人员在接待顾客时，需要耐心周到、态度和蔼、语言亲切，能做到百问不厌、百挑不厌、虚心接受顾客批评，不计较顾客态度好坏。即使遇到蛮横的顾客，网店从业人员也要控制情绪，耐心服务。

5. 热爱集体、团队协作

团队精神和集体荣誉感是企业最为推崇的价值取向之一，珠宝网络营销从业人员在企业里要有主人翁的意识,主动积极融入团队,以集体荣誉为荣;在工作时,要团队协作,主动给予同事帮助,关键时刻顾全大局。

6. 不怕吃苦、勇于担当

珠宝网络营销从业人员在工作时应不怕吃苦,戒除"骄、娇"二气,在业务上主动钻研、刻苦学习,在实践中跟上行业发展的步伐。当珠宝网络营销从业人员确实因为自己的原因造成工作失误时,应该勇于承担,及时改进,不推诿、不转嫁责任。

(六)珠宝网络营销岗位职责和要求

目前在珠宝网络营销企业主要招聘的岗位有客服类岗位(如电话客服、QQ客服、微信客服及淘宝、天猫、京东等电商平台客服等)、美工类岗位(如摄影师、修图师、美术设计)、文案类岗位(如商品描述性文案撰写等岗位)、营销推广类岗位(如营销推广、网店策划)等。下面列出了某珠宝公司网络营销各岗位的招聘要求,供参考(表0-2~表0-9)。

表0-2 某珠宝公司网络营销客服岗位职责和要求

1. 通过旺旺、千牛、电话、短信、QQ、微信等方式和顾客沟通,答复相关资讯;
2. 在和顾客沟通中主动了解顾客需求,寻找销售机会,完成销售业绩;
3. 主动对客户进行在线挽留,努力提高网店转化率;
4. 认真倾听顾客意见,解决顾客问题,处理顾客投诉,提高顾客满意度;
5. 进行顾客分析,维护与老顾客的关系,提高顾客黏合度;
6. 完成上级交代的其他任务

表0-3 某珠宝公司天猫运营专员岗位职责和要求

1. 熟悉天猫平台的运营、交易模式及后台操作;
2. 有较强的销售能力,能很快熟悉新产品,发掘产品独特卖点,有自己的理解;
3. 有较强的数据分析能力、文字撰写能力和页面策划能力,对品牌营销有一定的见解;
4. 具备一定的管理水平;
5. 完成上级交代的其他任务

表0-4 某珠宝公司推广员岗位职责和要求

1. 熟悉网络推广各种渠道和推广手段,有一定文字写作能力;
2. 负责公司各类推广业务,包括微博、微信、问答平台、论坛、百度贴吧、百度百科、博客等,进行邮件群发、客户短信群发等;
3. 按照要求编辑帖子,在相关论坛上设置论坛签名,进行发帖和跟帖等;
4. 完成上级交代的其他任务

表 0-5　某珠宝公司策划员岗位职责和要求

1. 负责针对公司品牌、产品,进行独立商城、微信、微博等各渠道创意策划,制订营销方案;
2. 结合公司品牌定位和行业特点,策划公关事件和宣传话题;
3. 负责根据社会事件、热点话题等,进行营销策划;
4. 负责策划公司大型营销活动及撰写节假日促销方案;
5. 完成上级交代的其他工作

表 0-6　某珠宝公司摄影师岗位职责和要求

1. 具备良好的审美能力、一定的视觉色彩设计基础、构图能力、平面创意设计能力;
2. 熟悉摄影、灯光、布景等,熟练使用单反相机,负责完成珠宝产品的拍摄工作,使产品的色彩、造型、质感等得到最佳体现;
3. 能使用常用美工软件 Photoshop、Illustrator、Coreldraw、Dreamweaver 等进行图片处理;
4. 完成上级交代的其他工作

表 0-7　某珠宝公司修图师岗位职责和要求

1. 具备良好的审美能力、一定的视觉色彩设计基础、构图能力、平面创意设计能力;
2. 熟练使用 Photoshop 等图形处理软件,能独立完成图片处理、修绘工作;
3. 对光影、质感、调色等比较敏感,能使用常规和特殊技法进行珠宝图片精修;
4. 完成上级交代的其他工作

表 0-8　某珠宝公司美术设计师岗位职责和要求

1. 具备良好的审美能力、一定的视觉色彩设计基础、构图能力、平面创意设计能力;
2. 负责网络店铺整体形象设计、网店风格设计、商品展示设计、首页海报设计;
3. 负责公司网站、网店的网页设计,页面美化,各种活动宣传页面的设计;
4. 对产品图片进行排版、美化;
5. 配合店铺销售活动,美化、修改产品页面,定期更新店铺主页和产品促销图片;
6. 完成上级交代的其他工作

表 0-9　某珠宝公司运营主管岗位职责和要求

1. 负责淘宝、京东、唯品会等平台、大商家的开拓、维护工作,完成月、年销售任务;
2. 负责公司与其他在线销售渠道沟通、产品选择、工作合同签订及催货款等各项工作;
3. 建立和维护良好的客户关系,树立公司专业形象;
4. 了解市场行情、竞争对手及客户的实际需求,及时优化岗位工作;
5. 与公司其他岗位沟通,完成上级交代的其他工作综合分析各珠宝网络营销岗位职责和要求,作为珠宝网络营销企业各岗位的从业人员,既需要具备一定的珠宝专业知识和技能,也需要具备网络营销的知识和技能,还需要具备一定的综合素质,主要包括如下。

1. 珠宝专业知识

珠宝电商从业人员需要掌握的专业知识主要有贵金属材料和首饰的知识,钻石、宝石、玉石、有机宝石等的基础知识,珠宝首饰保养的知识,珠宝首饰的文化和寓意,首饰设计风格、款式的基础知识,首饰加工工艺的基础知识等。

2. 网络营销知识和技能

珠宝网络营销从业人员应熟悉网店、电商平台(如淘宝)等的操作流程和交易规则,支付宝、银行付款等流程和规则,不同物流、运作方式、费用、时间等知识,能熟练使用聊天软件、电话等与顾客沟通,能熟练打字、熟悉 Windows 系统,熟练使用各种常用软件,会基本的图文编辑技能等。

3. 职业综合素质

作为一名网络营销工作人员,应有良好的语言表达能力和沟通能力,熟悉基本的销售流程,能根据顾客需求熟练回复,思维敏捷,亲和力强,工作认真、细致、责任心强,有较强的独立工作能力。

三、完成任务

请完成下面的表格内容。

---

1. 请对照您已有的知识、技能和工作经验及现状,思考:您计划应聘珠宝网络营销企业的哪个岗位?

2. 如果想要胜任这份珠宝网络营销的工作,您还存在哪些差距?

3. 您计划如何来弥补这些差距?

加油!让我们一起来实现您的计划吧!

任务测评

一、知识测评

（一）是非题

1. 珠宝网络营销就是在淘宝上卖东西。（　　）
2. 珠宝商品作为贵重商品，没有人会在网上买的。（　　）
3. B2B 即企业对企业（Business-to-Business）。（　　）
4. 珠宝网络营销就是珠宝电子商务。（　　）
5. "严格保密"指珠宝电商从业人员须对网络中涉及国家秘密、商业秘密和顾客隐私的信息严格保密，不随意泄露。（　　）

（二）单选题

1. 网络营销一般以哪种电子交易方式进行交易活动和相关服务的活动？（　　）
   A. 互联网（Internet）
   B. 企业内部网（Intranet）
   C. 增值网（VAN，Value Added Network）
   D. 互联网（Internet）、企业内部网（Intranet）及增值网（VAN，Value Added Network）

2. 在珠宝网络营销中，"B2C"指的是（　　）。
   A. 企业对消费者　　B. 企业对企业　　C. 企业对政府　　D. 企业对代理机构

3. 在珠宝网络营销中，"O2O"指的是（　　）。
   A. 线上对线上　　B. 线上对线下　　C. 线下对线下　　D. 网络对实体店

4. 以下不属于珠宝网络营销常见的岗位有（　　）。
   A. 客服类岗位（如电话客服、QQ客服、微信客服等）
   B. 美工类岗位（如摄影师、修图师、美术设计）
   C. 文案类岗位（如商品描述文案）
   D. 首饰产品设计、制作类岗位

5. 珠宝网络营销人员需要掌握的知识和技能有（　　）。
   A. 只需掌握珠宝知识就行
   B. 只需掌握网络营销知识就行
   C. 只需人品好就行
   D. 珠宝专业知识和技能，也需要具备网络营销的知识和技能，还需要具备一定的综合素质

二、学习效果测评

1. 您是否了解珠宝网络营销和电子商务的概念与区别? （　　）
   A. 完全了解　　　B. 基本了解　　　C. 基本不了解　　　D. 完全不了解
2. 您是否理解网络营销的优势和适用性? （　　）
   A. 完全理解　　　B. 基本理解　　　C. 基本没理解　　　D. 完全没理解
3. 您是否熟悉网络安全威胁类型和自我保护的方法? （　　）
   A. 熟悉　　　　　B. 基本熟悉　　　C. 基本不熟悉　　　D. 完全不熟悉
4. 您是否能牢记珠宝网络营销从业人员的职业道德? （　　）
   A. 完全记住　　　B. 基本记住　　　C. 基本没记住　　　D. 完全没记住
5. 您是否理解当前珠宝网络营销企业的岗位职责和要求? （　　）
   A. 完全理解　　　B. 基本理解　　　C. 基本没理解　　　D. 完全没理解
6. 对于本任务的学习,学习成果有哪些?不足有哪些?

知识 运用

请在课后,运用所学知识,做好珠宝网络营销工作入职准备。

项目一

运营珠宝网店

项目简介

珠宝网店的开设是开展珠宝网络营销活动的基础,也是珠宝电商创业的基本技能之一。在本项目中,学生将认识珠宝网店,学习网店的开通,练习珠宝产品的上传,尝试宣传网店,学习管理产品库存和物流等。

项目知识目标

1. 了解珠宝网店的概念和特点
2. 了解珠宝网店开通流程
3. 掌握珠宝产品上传方法
4. 了解珠宝网店宣传方法
5. 了解珠宝产品库存和物流管理常识

项目能力目标

1. 能够开设珠宝网店
2. 能够进行珠宝产品上传工作
3. 能够进行珠宝网店宣传工作
4. 能够进行珠宝产品库存和物流管理

项目素质目标

1. 具备一定的计算机应用能力
2. 工作认真、细致,责任心强,独立工作能力强
3. 具备一定的管理能力

项目 任务安排

任务一　认识珠宝网店
任务二　开通珠宝网店
任务三　上传珠宝产品
任务四　珠宝网店宣传
任务五　珠宝产品库存和物流

认识珠宝网店PPT

任务一　认识珠宝网店

任务 内容

"互联网+"是创新2.0下的互联网发展的新业态,是知识社会创新2.0推动下的互联网形态演进及其催生的经济社会发展新形态。为打破珠宝市场的传统营销模式,"互联网+电商+珠宝"成为了现阶段各珠宝销售商热捧的商业模式。

珠宝电商模式有多种方式,B2B、B2C、C2C、O2O等,B代表商家(Business),C代表个人(Customer),网店(C店)是个人店铺、集市店铺,网店(B店)是商家店铺。本任务以淘宝网(C店)和天猫(B店)为例进行学习,熟悉常见的珠宝网店运营情况,为自己经营珠宝网店积累经验。

任务 目标与要求

1. 了解珠宝网店的概念
2. 掌握淘宝网店的运营特点
3. 掌握天猫网店的运营特点

任务 实施

一、课前准备

(1)了解知名网购平台及珠宝店铺运营特点。
(2)登录淘宝网,了解其网店的开通流程及入驻条件。

(3)登录天猫,了解其网店的开通流程及入驻条件。

(4)针对淘宝网和天猫商城,分别浏览至少三家珠宝网店,观察其销量等,并尝试找出差异并分析原因。

二、知识学习

(一)什么是网店?珠宝网店有什么特点?

网店作为网络营销的一种形式,是一种能够让人们在浏览的同时进行实际购买,并且通过各种在线支付手段进行支付、完成交易全过程的网站。网店大多数都是在淘宝网、易趣网、拍拍网、京东商城、购铺商城等大型网络贸易平台上完成交易的。

在"互联网+"的发展趋势下,网店以非常强的优势对传统销售带来巨大的冲击。网店的优势有:

- 方便快捷
- 交易迅速
- 不易压货
- 打理方便
- 形式多样
- 安全便捷
- 应用广泛
- 分销渠道

珠宝网店,就是经营各类珠宝的网店。其运营平台可以是淘宝网、天猫、京东等电商平台,也可以是各类微商。

鉴于珠宝的商品特性,珠宝网店与其他传统生活类、娱乐类网店略有不同。主要区别有:

优势:

(1)体积较小,便于物流运输。

(2)附加值高。

(3)低成本,价格较合理。

(4)具有独特性、时尚性,有吸引力。

(5)通过附加值高的网络图片,可以激起浏览者的购买欲望。

(6)知识型产品。

(7)具有能被普遍接受的产品。

劣势:

(1)商品单价较高,物流风险较大。

(2)库存周转期较长。

(3)单品销量较小,多是零售。

(4)B店对C店具有较大的冲击。

(5)进入壁垒较大。

(6)对网店的信用、商品安全等要求较高。

(二)淘宝网

1. 淘宝网概述

以淘宝网中珠宝网店为例,进行学习。淘宝网(www.taobao.com)由阿里巴巴集团在2003年5月创立,是中国深受欢迎的网购零售平台。截至目前已拥有近5亿的注册用户数,每天有超过6000万的固定访客,同时每天在线商品数已经超过了8亿件,平均每分钟售出4.8万件商品。

随着淘宝网规模的扩大和用户数量的增加,淘宝网也从单一的C2C网络集市变成了B2B、B2C、C2C、团购、分销、拍卖等多种电子商务模式在内的综合性零售商圈。淘宝网是安全的电子商务平台,品牌知名度高,商品种类齐全,服务、浏览率、注册率、商品满意率均处于领先地位,目前已经成为世界范围的电子商务交易平台之一(图1-1)。

图1-1 淘宝网页面

淘宝网具有非常突出的优势,主要如下:

1)营销优势

(1)淘宝网与MSN、腾讯等门户网站联盟。

(2)利用传媒作市场宣传。

2) 网站质量优势

(1) 网站界面设计简洁方便。

(2) 客服中心系统化。

(3) 虚拟社区建立的成功,促进了消费者的信任。

3) 信用体系优势

淘宝网实行实名认证。一旦淘宝网发现用户注册资料中主要内容是虚假的,淘宝网可以随时终止与该用户的服务协议,尤其对珠宝网店的信用要求更高,需要出具各商品的相关证书等以保障商品质量。

4) 交易平台优势

"支付宝"提供了值得信赖的支付平台,主要优势如下:

(1) 利用淘宝网的营销渠道,最大程度地推广珠宝产品。

(2) 更多地积攒零散客户,提高二次销售的概率,进一步提高品牌知名度和信誉。

(3) 更好地满足珠宝购买者的消费特性,不受时间和空间限制。

(4) 降低珠宝店铺的运营成本。

2. 淘宝网店(C店)入驻条件

会员须符合以下条件,方可按照淘宝网系统设置的流程创建店铺或变更店铺经营主体:

(1) 通过淘宝网身份认证,提供本人(包括企业及企业店铺负责人等)真实有效的信息,且企业店铺负责人关联的企业店铺数不能超过5家。

(2) 将其淘宝账户与通过实名认证、信息完善的支付宝账户绑定。

(3) 经淘宝网排查认定,该账户实际控制人的其他阿里平台账户未被阿里平台处以特定严重违规行为处罚或发生过严重危及交易安全的情形。

3. 淘宝网珠宝网店运营特点

(1) 信用从描述、服务、物流方面都较其他类商品要高。

(2) 多采用顺丰等信誉较高的物流。

(3) 单个商品库存量小,多零售。

(4) 销量相对其他商品较低。

(5) 商品描述空间较大。

(6) 类目按材质、价格、款式等划分不一。

(三) 天猫

1. 天猫概述

天猫(Tmall)(图1-2)原名淘宝商城,是一个综合性购物网站,是阿里巴巴集团旗下淘宝网全新打造的B2C模式。2011年1月11日,淘宝商城正式宣布更名为"天猫"。

图1-2 天猫页面

2012年3月29日天猫发布全新LOGO形象,到目前为止,天猫已经拥有5亿多买家、6万多家商户、7万多个品牌。它整合了数千家品牌商、生产商,为商家和消费者之间提供一站式解决方案。2014年2月19日,阿里巴巴集团宣布天猫国际正式上线,为国内消费者直供海外原装进口商品。天猫提供100%品质保证的商品、7天无理由退换货的售后服务以及购物积分返现等优质服务,使得它比普通店铺更具吸引力。

天猫网购,代表的就是时尚、性感、潮流和品质,天猫网购要全力打造品质之城。

1)天猫的竞争优势

相对于淘宝网来说,天猫具有独特的竞争优势:

(1)商品优势。大卖家和大品牌的集合。

(2)服务优势。提供比普通店铺更加周到的服务,包括正品保障、信用评价、7天无理由退货等。

(3)功能优势。产品展示功能采用flash技术,全方位展示产品;全部采用商城认证,保证交易的信用。

2)天猫珠宝网店的优势

在天猫开通珠宝网店,吸引了较多珠宝商的目光,具体优势如下:

(1)天猫商城较高的信誉,给珠宝受众带来更多放心、更多安心。

(2)珠宝商品质量的管控更加严格。

(3)客服给客户带来的消费体验不低于珠宝实体店。

2. 天猫珠宝网店入驻

1）入驻天猫所需达到的条件

各类店铺类型需要准备的资质材料略有不同,珠宝网店需满足以下条件：

(1)注册资本不低于人民币100万元。

(2)"珠宝/钻石/翡翠/黄金"类目自荐品牌提供商标注册证(即R标)。

(3)如经营进口商品,需提供合法渠道进口证明。

(4)店铺所经营的商品或服务必须符合法律法规、国家标准等质量要求,同时符合平台商品质量标准、天猫规则及商品发布规范等要求,详情请参见相关《平台质量标准》《天猫抽检行为规范》《天猫行业标准》及《天猫规则》。

(5)"珠宝/钻石/翡翠/黄金"类目卖场型旗舰店还需要满足：①开店公司需为35类服务类型商标的商标权人或其关联公司；②店铺内经营的商品品牌接受自荐品牌入驻,并且自荐品牌需提供商标注册证(即R标)；③店铺内经营的品牌需提供以商标持有人为源头的二级内完整授权,若授权中的授权方为自然人,则需同时提供其亲笔签名的身份证复印件。

(6)所有提交资料需要加盖开店公司公章(鲜章)。

2）入驻天猫所需提供的资料

(1)企业资质列表：①企业营业执照扫描件；②银行开户许可证扫描件；③法定代表人身份证正反面扫描件；④联系人身份证正反面扫描件；⑤商家向支付宝公司出具的授权书。

(2)品牌资质列表：①由国家工商行政管理总局商标局颁发的商标注册证或商标注册申请受理通知书扫描件；②独占授权书。

(3)行业资质列表：①检测报告；②产品清单。

3. 天猫珠宝网店运营特点

与淘宝网相比,天猫珠宝网店也有其个性化的一面。

(1)商品类目划分严谨,一级类目按材质划分,二级类目按款式划分。

(2)商品描述及商品标题的拟定更加规范。

(3)店铺促销前期审核严格,尤其是涉及到批量促销。

(4)店铺分旗舰店、专卖店、专营店3种。其中,旗舰店开店主体必须是品牌(商标)权利人或持有权利人出具的开设天猫品牌旗舰店独占授权文件的企业；专卖店的品牌(商标)权利人出具的授权文件不得有地域限制,且授权有效期不得早于2015年12月31日；一个招商大类下专营店只能申请一家。

三、完成任务

任务1：开通淘宝网店

网上开店的经营方式主要有以下几种：

(1)网上开店与网下开店相结合的经营方式。

(2)专职经营网店。

(3)兼职经营网店。

> 问题讨论：
> 结合"周小宝"珠宝网店的情况，对比以上3种网上开店经营方式有何不同，提出开办珠宝C店的建议。

任务2：开通天猫网店

(1)请课前查阅资料并思考，天猫商城店铺类型有哪些。

(2)你知道国内现在有哪几个网络购物平台？举例说明有影响的珠宝类产品已进入的网络购物平台。

任务3：淘宝和天猫开店优劣势分析

请结合珠宝特性，分析选择在淘宝开店和在天猫开店各自的优劣势。

平台	优势	劣势
淘宝网(C店)		
天猫(B店)		

任务4：讨论

(1)为什么淘宝网的珠宝网店(C店)数量多于天猫店(B店)？

(2)在淘宝网和天猫分别开通一家珠宝B店和C店，其流程有何不同？

天猫商城店铺类型介绍

1. 旗舰店

商家以自有品牌(商标为R或TM状态)入驻天猫开设的店铺。主要旗舰店可以有以下几种类型:

(1)经营一个自有品牌商品的品牌旗舰店。

(2)经营多个自有品牌商品且各品牌归同一实际控制人的品牌旗舰店(仅限天猫主动邀请入驻)。

(3)卖场型品牌(服务类商标)所有者开设的品牌旗舰店(仅限天猫主动邀请入驻)。

开店主体必须是品牌(商标)权利人或持有权利人出具的开设天猫品牌旗舰店独占授权文件的企业。

2. 专卖店

商家持品牌授权文件在天猫开设的店铺。专卖店有以下几种类型:

(1)经营一个授权销售品牌商品的专卖店。

(2)经营多个授权销售品牌的商品且各品牌归同一实际控制人的专卖店(仅限天猫主动邀请入驻)。

品牌(商标)权利人出具的授权文件不得有地域限制,且授权有效期不得早于2015年12月31日。

3. 专营店

经营天猫同一招商大类下两个及以上品牌商品的店铺。专营店有以下几种类型:

(1)经营两个及以上他人品牌商品的专营店。

(2)既经营他人品牌商品又经营自有品牌商品的专营店。

(3)经营两个及以上自有品牌商品的专营店。

一个招商大类下专营店只能申请一家。

任务测评

一、知识测评

选择题

1.以下不属于网店优势的是(　　)。

A. 交易迅速　　　　B. 安全便捷　　　　C. 打理方便　　　　D. 立体形象

2. 珠宝网店与传统生活类、娱乐类网店略有不同,以下不属于它们的区别是( )。
 A. 库存周转期较长　　　　　　　　B. 商品单价较高,物流风险加大
 C. 退出壁垒较大　　　　　　　　　D. 对网店的信用、安全等要求较高
3. 以下哪方面是淘宝网珠宝网店运营的特点?( )
 A. 商品描述空间较大　　　　　　　B. 店铺的运营成本较低
 C. 营销渠道较多　　　　　　　　　D. 有利于提高二次销售的概率
4. 天猫相对于其他平台来说,其优势有哪些?( )
 A. 商城认证,保证交易的信用
 B. 产品展示功能采用 flash 技术,全方位展示产品
 C. 降低珠宝店铺的运营成本
 D. 特色店铺的推广

二、学习效果测评

1. 是否了解什么是珠宝网店?　　　　　　　　　　　　　　　　　　( )
 A. 完全了解　　　　B. 基本了解　　　　C. 不太了解
2. 是否了解珠宝网店与传统网店的区别?　　　　　　　　　　　　　( )
 A. 完全了解　　　　B. 基本了解　　　　C. 不太了解
3. 是否掌握淘宝网的独特优势?　　　　　　　　　　　　　　　　　( )
 A. 完全掌握,尤其很好地掌握了在淘宝网开珠宝网店的优势
 B. 基本掌握,了解到在淘宝网开珠宝网店有一定的优势
 C. 不太了解
4. 是否掌握淘宝网珠宝网店的运营有哪些特点?　　　　　　　　　　( )
 A. 完全掌握,对淘宝网珠宝网店的运营非常熟悉
 B. 基本掌握,但是对淘宝网店的运营没有太深的了解
 C. 不太了解
5. 是否掌握天猫珠宝网店的运营有哪些特点?　　　　　　　　　　　( )
 A. 完全掌握,对天猫珠宝网店的运营非常熟悉
 B. 基本掌握,但是对天猫网店的运营没有太深的了解
 C. 不太了解
6. 对于本节课的学习,学习成果有哪些? 不足有哪些?

知识运用

请分别在淘宝网和天猫选择两家珠宝网店,商品种类不限,完成下表。

平台	店铺名称	主要商品种类	信誉等级	营销方式/内容	客户关注量	主推商品月销量
淘宝网						
天猫						

任务二 开通珠宝网店

开通珠宝网店PPT

任务内容

在本任务中,学生将以开通淘宝网店为例,学习珠宝网店开通前的准备、注意事项和开通流程,为今后创业或从事相关工作打下基础。

任务目标与要求

1. 了解网店的开通注意事项
2. 掌握网店的开通流程,能顺利开通珠宝网店

任务实施

一、课前准备

结合上一任务所学,思考自己是否符合珠宝网店开通条件,以及准备开什么样的珠宝店,请从珠宝的材质、款式、目标客户等方面进行思考。

二、知识学习

在淘宝网开店,简单,省时省力,可登录淘宝大学学习开店的注意事项、日常运营管理、引流、网店美工、营销等知识。下面主要介绍淘宝C店和天猫商城开店准备工作及开店流程。

(一)开通淘宝C店

1. 开通前的准备

(1)具有个人电子邮箱。

(2)尚未在淘宝开店,一张身份证只能开通一家店铺。

(3)已经注册淘宝账户,并且通过实名认证,注册淘宝会员可扫描。

(4)有信息完善的支付宝账户,并与淘宝账户绑定。

2. 开通注意事项

(1)结合珠宝的特性,所有商品必须具备相关检测报告、珠宝鉴定文件等。

(2)与相关物流公司签署保价协议,争取最大优惠。

(3)货源选择,最好选择品牌信誉好、知名度高的珠宝品牌。

(4)目标消费群体必须有明确定位,分析与商品特性是否匹配。

3. 开通流程

第一步,登录淘宝账户,选择"卖家中心",点击"免费开店",或者扫描二维码登录网店开通界面。

第二步,选择开店类型为"个人店铺",创建个人店铺。

第三步,申请开店认证,点击立即认证,进入淘宝身份认证界面。按相关操作完成"扫码安装钱盾→使用钱盾扫描认证→在手机上完成操作",其中"在手机上完成操作"需要提交身份证照和个人半身照。

第四步,认证通过,进入淘宝网卖家中心(图1-3),C店开通。

第五步,C店管理,设置C店应用,方便消费者购买。主要的应用有交易管理、物流管理、商品管理、店铺管理、营销中心、货源中心、客户服务等,可以根据自己店铺的需要进行设置。

4. 开通之后的工作

(1)选择合适的物流。开通物流服务商,还可以选择"保障快递服务",不建议选择"货到付款"。

(2)设置商品发货地及发货人相关信息。

(3)管理货源。淘宝网提供部分行业商品货源,如果自己有货源则不需要。

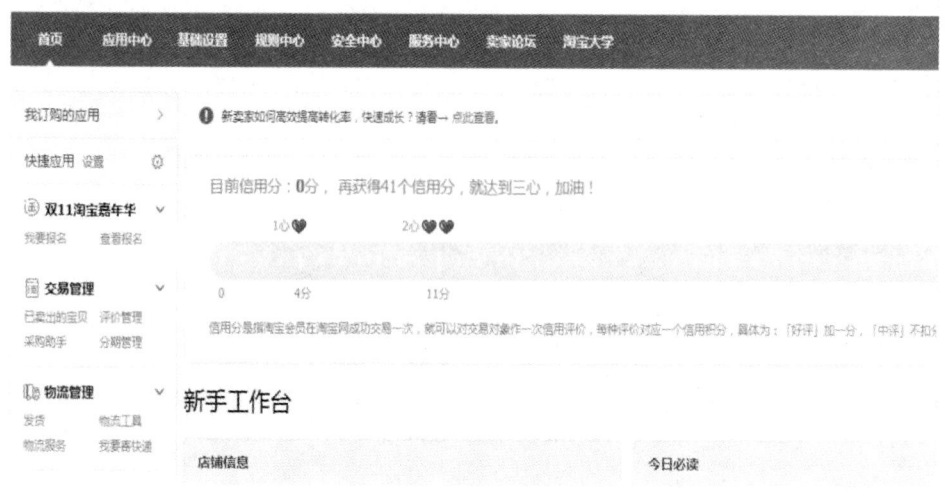

图1-3 淘宝网卖家中心页面

5.店铺装修

店铺装修部分,"基础模块"基本包含 C 店所有功能,如有其他需要可选择"设计师模板"进行优化。"基础模块"包含宝贝推荐、宝贝排行、默认分类、个性分类、自定义区、图片轮播、友情链接、客服中心、生意参谋等。

(1)店铺标题可以设置名称、背景图片、友情链接等,但不可以添加其他模块。

(2)在模块设置中,可以设置宝贝关键词,最多可设计 28 个宝贝关键词。其中本店搜索栏可设置 3 个关键词和 1 个预设关键词,效果如图 1-4 所示。

图1-4 设置关键词示例

(3)在"店铺装修"页面,可以根据自己需要添加所有基础模块的应用。

(4)店铺招牌可以根据自己的需求随意调整。

(二)入驻天猫商城

1.入驻注意事项

天猫商城初审时间 7 个工作日,复审 4 个工作日,类目核查 3 个工作日,共 14 个工作日,如中间上传资料不通过,还需再延长 3 个工作日审核时间。

2. 入驻流程

申请路径：进入天猫招商页面，详细了解入驻标准后，点击"立即入驻"开始报名。

第一步：查询入驻条件。

(1)可以直接搜索自己的品牌，系统将显示对应的招商类目，只需勾选即可，也可以直接选择申请类目查询到对应招商品牌，选择好类目和品牌后，点击"添加到已选"。

(2)选择店铺类型（旗舰店、专卖店、专营店），若类型显示灰色，表示该店铺类型不招商。选择完成后，点击"下一步"。

(3)若品牌不在招商范围内，请点击页面右上角"找不到我要的品牌"推荐优质品牌给天猫。

(4)天猫将对提交的品牌进行消费者需求调研和分析，敬请关注下一期招商品牌公示。

第二步：准备资料/签署协议。

(1)检测企业支付宝账户，需要准备一个尚未绑定过的企业支付宝账号，若尚未申请，请在支付宝页面进行申请；报名时若支付宝账号未完成企业认证，商家可以在等待审核的过程中到支付宝页面完成认证，也可以在天猫资质审核完成后，登陆天猫账号完成认证。

注意：

a. 请勿将该支付宝账户与任何淘宝账号绑定；

b. 请勿将支付宝邮箱设置为任何淘宝账号的登录邮箱；

c. 请确保该支付宝账号的企业认证信息与在天猫入驻资料提交的企业信息一致。

(2)账号检测通过后，根据页面说明，准备相关资质的电子档（详见本项目任务一）。

第三步：提交申请，等待天猫工作人员审核。

后续可用申请账号登陆本页面关注入驻进展。天猫工作人员未操作审核时，商家可点击"修改入驻资料"及"修改店铺负责人信息"对相关资质或店铺信息进行修改。

(1)初审不通过，系统会以邮件和短信的方式通知商家登陆申请账号查看修改。商家登陆本页面后，点击"修改资料"，按提示在规定时间内完成修改并提交，确认修改无误后保存提交。

(2)等待天猫工作人员重新审核（注：等待审核的过程中，可以通过审核过程里的"资质审核详情"查看资质提交/修改情况）。

(3)初审通过，等待天猫工作人员复核，工作人员在规定时间内给出复核结果。

(4)复核不通过，系统会以邮件和短信的方式通知商家登陆申请账号查看修改。商家登陆本页面后，点击"修改资料"，按提示在规定时间内完成修改并提交。

(5)复核通过，天猫工作人员将即时授权品牌和类目，完成后系统将以邮件和旺旺的方式，将天猫账户名及登录密码发送给商家。商家需登录天猫商家中心，根据提示完成后续工作。

第四步：收到天猫账号登录名和密码后，用天猫账号登录天猫，点击商家中心，完成后续操作。

(1)支付宝相关操作。①完成支付宝实名认证。首先请注意：认证支付宝时填写的企业名称与提交入驻申请时填写的公司名称必须完全一致。报名时提供的支付宝账号在此时若未完成企业认证，需根据提示完成后续认证操作：银行卡认证或关联认证(营业执照和法人相关证件已在申请入驻天猫环节中通过校验，天猫也将信息一并同步至支付宝)。已完成企业认证，直接签署支付宝代扣协议即可。②签署支付宝代扣协议。完成认证后，回到天猫商家中心，签署支付宝代扣协议(需录入支付密码)。

(2)学习天猫规则和考试。①需完成天猫规则的学习后，才能点击"考试"。②考试通过后，点击"这里"返回天猫商家中心，继续完成其他操作。

(3)补全商家档案信息。包括公司信息、店铺运营信息、人员信息。

第五步：冻结保证金及缴纳技术服务年费。

注意：在收到天猫账户名和密码的15天内完成保证金/技术服务年费的冻结缴纳操作，逾期未操作，本次申请将作废。因此，操作前请先确保支付宝账户内有足够的可用余额。

第六步：根据提示，发布规定数量商品。

第七步：申请店铺上线，完成店铺入驻流程。

三、完成任务

任务1：淘宝大学开店知识学习

登录"淘宝大学"(请扫描二维码)，进行淘宝开店知识的学习，从开店流程、商品上传、店铺营销等方面进行总结。

淘宝大学APP

任务2：有兴趣开店的同学可以尝试开通淘宝C店，并试运营

(1)登录淘宝网，注册淘宝会员。

(2)根据卖家开店流程，进行注册。

(3)选择店铺类型及商品类目等，设定店铺名称等基本信息，完成珠宝C店的开通。

任务3：天猫店(B店)入驻

(1)淘宝网B店入驻的流程是什么？在入驻过程中有哪些需要注意的方面？

(2)思考：在开通过程中遇到了哪些问题？如何寻求帮助？

任务4：请查询天猫商城资料

分别统计黄金、钻石、彩色宝石、翡翠、银饰品的月销售榜十强店铺，并记录产品种类、销量以及月销售金额。

黄金：

钻石：

彩色宝石：

翡翠：

银饰品：

任务5：请在天猫商城内总结

哪些品牌为纯珠宝电商企业，哪些品牌为传统珠宝企业，然后比较总结产品结构特点与销售价格的区别。

纯珠宝电商企业：

传统珠宝企业：

两者的特点与区别：

珠宝行业天猫商城现状

从2013年开始，天猫商城加强了传统线下珠宝品牌商的引进，周生生、周大福、周六福珠宝等线下知名品牌相继在天猫开设官方旗舰店，它们与钻石小鸟、珂兰钻石、佐卡伊等发源于互联网的珠宝品牌展开了激烈的竞争。

目前，有关珠宝类的天猫品牌商家共有787家，并且根据最近的调查结果显示：在天猫黄金的销量排行榜首页，周生生占据11种，将近1/4；周大福与潮宏基也占有10％的比例，而销量榜首则被DNJ珠宝旗舰店的一款标价475元的千足金项链占据，月销量700多件。其他品牌还有金叶珠宝、钻石小鸟、千禧之星等诸多品牌。综合总体调查结果得出：周生生、周大福、潮宏基在线上销售中占据主导地位，其他品牌商家则形成竞争混乱、激烈的局面。

而在黄金最新的销量排行榜中,售价最高的是一款中国黄金的金条(2375元),其他产品售价大都集中在300~800元之间。综合来说,在前120位的产品中,平均售价约为500元。

综合以上数据来看,消费者在天猫购买黄金有3个重要因素,分别是款式、价格和品牌。如果价格不相上下,对于一些款式新颖别致的产品,品牌所占据因素就会减弱很多;而在款式相同的情况下,消费者会更多考虑品牌因素。

在天猫商城中,翡翠销量榜首页产品中,销量最高的是价值仅30元的翡翠毛料,其余是价格大都在100元左右的小吊坠,价格最高的一款也不过是1199元的墨翠挂件。可见,翡翠的商家更是呈现出了鱼龙混杂的局面。

彩色宝石的销量榜首页产品中,销量最高的是一款坦桑石挂件,同款售价从3000元到30 000元不等,月销量为87件。由于彩色宝石产品的特殊性,极少有月销量过百的同款产品出现,畅销品月销量大多为10件左右。

从以上数据来看,珠宝类的网络销售并不是没有市场,但相对于其他诸如电器类、服装类、日用品类只能算是淘宝的一个小类别,其销售增长率和销售额低于其他类别。究其原因,主要如下:

(1)珠宝类的受众面相对较窄,而且对于消费者的消费能力具有一定的要求。

(2)珠宝类的目标消费者大都为成熟的消费者,对于产品的真假优劣有一定的质疑态度。

(3)珠宝类的单件物流运输成本较高,并且会受到一定的运输限制。

(4)珠宝类的品种相对较少,目前商家大部分仍以线下和渠道销售为主。

任务 测评

一、知识测评

选择题

1.关于珠宝网店的开通下列说法哪项是不正确的?(　　)

A.商品必须具备相关检测报告、珠宝鉴定文件等

B.与相关物流公司签署保价协议,争取最大优惠

C.货源选择,最好选择商品价格较高的珠宝品牌

D.目标消费群体必须有明确定位,分析与商品特性是否匹配

2.珠宝网店店铺装修部分,在"基础模块"包含哪些功能?(　　)

A.宝贝推荐　　　　　　　B.商品图片处理

C.图片轮播　　　　　　　D.宝贝排行

3.以下关于珠宝网店的开通哪项说法是错误的?(　　)

A.一个人可以注册多家店铺

B. 店铺标题可以设置名称、背景图片、友情链接等

C. 在"店铺装修"页面,可以随自己需要添加所有基础模块的应用

D. 店铺招牌可以随意调整

二、学习效果测评

1. 开通珠宝网店需要准备的事宜,你了解吗? （   ）

A. 完全了解　　　　　　B. 基本了解　　　　　C. 不太了解

2. 开通珠宝网店的流程,你掌握了吗? （   ）

A. 完全掌握,需要五步　　B. 基本掌握　　　　　C. 不太了解

3. 你是否完全掌握珠宝网店装修部分的工作? （   ）

A. 完全掌握,店铺装修各部分包含的内容都很清楚,并能根据自己的需求进行调整

B. 基本掌握,店铺装修各部分包含的内容都很清楚,灵活性需要加强

C. 不太了解

4. 对于本任务的学习,学习成果有哪些? 不足有哪些?

知识 运用

请小组讨论在淘宝开网店或入驻天猫商城的优势和劣势,需要具备的条件等,整理一份详细的开店或入驻报告,报告内容包含开店前的资料准备、货源准备、店铺装修风格、店铺运营理念、准备采用的营销策略、人员配置等。

任务三　上传珠宝产品

上传珠宝产品PPT

任务 内容

开通了网店之后,最重要的工作就是商品的上传,从选择类目到上传商品信息,完成商品标题和商品描述,设置关键词后,才算是完成了商品的上传,达到了店铺基本运营条件。

任务 目标与要求

1. 能进行商品上传

2. 能划分商品的类目
3. 能设置商品标题
4. 能进行商品描述
5. 能设置商品关键词等

任务实施

一、课前准备

(1)淘宝 C 店已开通,请登录开通的小店。

(2)准备好准确的货源、商品信息、商品图片等基本商品资料。其中,商品信息包括商品型号、品牌、类型、材质、编码、数量等,商品图片包含促销图、正面完整图、背面完整图、细节图、模特展示图等,至少 5 张。

二、知识学习

(一)淘宝网店铺商品发布规则

淘宝网规则

淘宝网店铺商品发布规则主要有以下几个方面:

(1)严格按照相关经营商品的类目进行划分。

(2)卖家闲置商品不得超过 50 件。

(3)"商品如实描述"应当对商品的基本属性、成色、瑕疵等必须说明的信息进行真实、完整的描述。

(4)商品描述必须与商品信息相符。

(5)对近 90 天内未编辑、未经浏览且未成交的商品,淘宝网将定期进行商品下架。

(6)不得出售假冒商品。

(7)上传商品时不得宣传不实材质和成分。

(8)不得上传未经准入的商品。

(二)商品上传的流程

在"卖家中心"点击"发布宝贝",进行商品的发布上传。

(1)选择商品所属类目,如输入"黄金珠宝",结果显示见图 1-5,选择自己需要的类目,点击"我已阅读以下规则,现在发布宝贝"。

(2)进入"宝贝基本信息"页,进行上架商品信息编辑。其中"填写以下信息有机会在 PC 和手淘端展现给买家",根据自身需求进行勾选。

(3)设置完商品基本信息,需要设置运费,点击"新建运费模板",进行运费设置,可选择"卖家承担运费"。

图1-5 "选择商品所属类目"页面

(4) 如果是新品或畅销款,可设置为"橱窗推荐"。

(三) 商品上传过程中的注意事项

1. 商品类目的划分

一个店铺内的商品只有合理的分类,才能让顾客在第一时间快速准确地找到自己想要的东西。根据淘宝网的商品规则和珠宝特性,将商品类目进行划分,如图1-6所示。

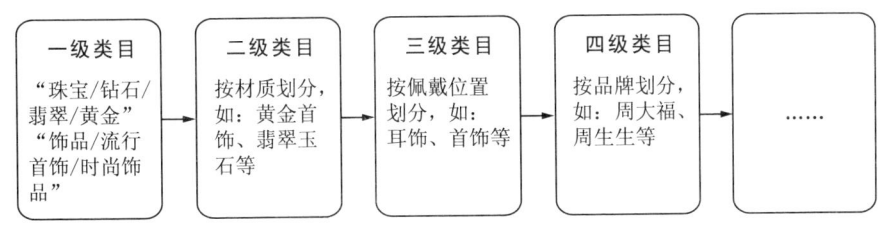

图1-6 淘宝商品类目划分

四级以后还可以根据价格、产地等继续进行类目划分,但根据消费者心理和平台规则,一般设置三到四级即可。

一般情况下,二级类目以后可以进行自由调换,比如三级类目的耳饰和四级类目的品牌可以进行调换,即三级类目为"周大福"等珠宝品牌,四级类目为耳饰,并且商品的二级类目以后可以随时修改调整。

2. 商品标题的设置

商品标题的设置不像促销信息的设计,要求规范严谨,商品标题的设置非常个性化,只要体现商品的卖点或需求即可,包括一般商品的属性关键词、评价关键词、促销关键词、品牌关键词,四类关键词的前后组合顺序可根据需要进行搭配,可以包含其中的两种、三种或四种关键词,没有具体的规定。

3. 商品的描述

商品的描述一般放在商品基本信息的下方,主要包括以下几个方面。

(1)商品的型号编码信息:一般匹配编码和标准模特进行展示。

(2)商品大图:为商品的完整图、正面背面图,方便客户全方位了解商品。

(3)模特展示图:包括模特展示完整图、模特局部展示图。

(4)细节图:一般通过此图展示商品的优势,所以大多采用对比方式进行展示。

(5)检验报告和产品证书:作为珠宝类商品,检验报告和产品证书必不可少。

(6)客服工作:包括店铺客服和物流配送,尽量展示自己优质的客服工作和安全有保障的物流配送,让客户放心、安心。

现在很多店铺为了提升品牌文化、店铺信誉等,还加入了推荐宝贝、店铺故事、店铺管理理念等。

4. 商品关键词的设置

针对单个商品,在发布时需要设置关键词,关键词一般为5~10个汉字,可以从商品的品牌、属性、促销等信息中选取,而且商品关键词可以随时进行调整修改。商品关键词是消费者搜索到该商品的第一要素,所以必须慎重设置,可以通过店铺的关键词查询功能,检索本类目下的店铺采用较高频率的关键词、热点关键词等。但是开店初期的关键词不建议设置成高频率的或热点关键词,应根据自己商品的卖点或独特的优势进行关键词设置,后期可根据需要进行修改设置。

三、完成任务

任务1:上传商品

请进行宝贝上传,至少上传3个商品,如遇疑难问题请记录。要求:

(1)能准确地上传商品。

(2)上传的商品具有独特的个性,切合受众的需求和消费心理。

(3)上传的商品信息尽可能打消消费者购买前的犹豫心理,下定决心购买本店商品。

任务 2：展示上传的商品

请完成下表的展示内容，并与同学交流分享。

店铺主页效果图	（店铺主页截图）	
宝贝一	上传的商品在店铺页的展示截图	商品页的截图
宝贝二	上传的商品在店铺页的展示截图	商品页的截图
宝贝三	上传的商品在店铺页的展示截图	商品页的截图

如何选择上传商品的最佳时间？

上传商品的最佳时间取决于什么时间上网的人数量最多，一般属周六、周日。所以，需要的宝贝要正好在周六、周日的时候排名最靠前，也就是剩余时间最短。因此，可以选择在周日的晚上8:30来上传商品。那么，一周以后的周六，宝贝的剩余时间就剩下1天多，如果同类商品不是很多，基本上排名就更加靠前，买家第一眼就可以看到，再辅以一定的价格优势，点击率就上去了。但由于淘宝规则不允许重复上传商品，否则会被管理员删除。所以，为了解决排名靠前需等待的时间太长而排名在前的时间又短暂的问题，我们可以围绕主要关键词来构思同一个商品的不同名称进行上传，只要保证关键词和实际的商品对应就可以获得买家的访问。间隔一定时间，上传不同名但实质相同的产品，就可以带来点击率的增加，这使得商品每天都在搜索结果中占据有利排名，从而规避因为7天时长带来的大部分时间宝贝排名靠后的情况。当然，重复商品名称和内容需要构思巧妙，否则会被删除。

任务 测评

一、知识测评

选择题

1. 关于淘宝C店的店铺商品上传规则，哪项是不正确的？（　　）

A. 经营商品的类目划分级别越多越好

B. 不得上架未经平台准入的商品

C. 卖家闲置商品不得超过50件

D. 对近 90 天内未编辑、未经浏览且未成交的商品,淘宝网将定期进行商品下架

2. 关于商品标题的设计,下列哪项不正确?(   )

A. 标题体现商品的卖点或需求

B. 商品标题、关键词的组合可以随意搭配

C. 商品标题的设置不像促销信息的设计,要求规范严谨

D. 商品标题的设置必须遵循一定的规则

3. 以下关于商品的描述,哪项说法是正确的?(   )

A. 商品的型号编码信息可以通过一般匹配编码和标准模特进行展示

B. 商品大图包括模特展示完整图、模特局部展示图

C. 细节图多采用对比方式进行展示

D. 检验报告和产品证书必不可少

二、学习效果测评

1. 是否掌握了商品上传的流程?   (   )

A. 完全掌握,并对每一步需要注意的问题能准确把控

B. 基本掌握

C. 不太了解

2. 给你任一款珠宝商品,是否能准确地进行类目划分设置?   (   )

A. 完全掌握,能独立完成类目的设置,并进行随意调整

B. 基本掌握,但是在设置过程中需要他人协助

C. 不能完成

3. 是否能够根据任一商品的卖点、特性、目的等进行商品标题的设置?   (   )

A. 可以独立完成,能够根据商品的卖点等结合店铺目的进行标题的设置

B. 基本掌握,能设置不同关键词组合成的标题,但是偶尔需要他人协助

C. 不能完成

4. 是否能够完成商品描述部分的设计?   (   )

A. 可以独立完成,根据商品优势,恰当地设计商品描述结构

B. 基本可以完成,但是针对商品描述部分的设计有些单一、缺乏灵活性,并需要他人协助才能完成

C. 不能完成

5. 是否能够完成商品关键词的设计?   (   )

A. 可以独立完成,并适时调整关键词,为店铺带来更多的点击量

B. 基本可以完成,但是关键词设置效果不明显

C. 不能完成

6.对于本任务的学习,学习成果有哪些?不足有哪些?

_____

_____

知识 运用

小组讨论:在商品上传过程中遇到的问题,您是如何解决的?

让我们来一场小组辩论赛吧。分 A、B 两个小组,首先各小组提前准备好尽可能多的问题和答案,彼此提问。双方各出一个代表,和老师一起作为评委,针对各小组回答的问题给予评分,评出获胜小组,老师结合实际情况予以奖励。

任务四 珠宝网店宣传

珠宝网店宣传PPT

任务 内容

完成了网店的开通和产品的上传,还需要进行网店的宣传,逐步让消费者知道你的店铺和商品,让消费者喜欢你的商品,提高消费者对你的店铺产品的认可度,增加产品销量。

任务 目标与要求

1.了解珠宝网店目标客户的购买需求

2.掌握珠宝产品的卖点

3.如何选择合适的网店宣传渠道

4.能根据商品需求进行宣传

任务 实施

一、课前准备

(1)对店铺的商品有准确全面的了解,包括品牌、产地、价格、材质、目标人群、功能、适用的场合等。

(2)了解淘宝网上同类及相同产品店铺的宣传模式。

(3)如果你是一家珠宝天猫店铺的营销负责人,你会如何去宣传这家店铺?

二、知识学习

(一)目标客户的购买需求

影响客户购买需求的主要因素有产品的价格,客户的收入、偏好及对未来价格的预期,产品的广告宣传等。

结合已开通网店产品的特点与目标客户进行匹配,匹配度高的就是你的目标客户,再对目标客户进行匹配,真正得出你的目标客户的购买需求。确定目标客户的购买需求必须满足两个条件:一是有购买欲望;二是有支付能力。其中,购买欲望通常包含个人喜好、个人需求两个方面;支付能力指受众必须有一定的经济能力。

(二)产品的卖点

一个产品的销售肯定具有其销售出去的原因,有些是因为需求,有些是因为产品的卖点吸引人。在市场竞争日趋激烈的情形下,越来越多的企业把焦点放在了开发产品卖点上。

1. 卖点

(1)卖点是定位(企业或品牌的卖点)。

(2)卖点是优点(产品的优点)。

(3)卖点是需求(交易对象)。

2. 确定和挖掘产品的卖点

产品卖点主要从产品、品牌、社会观念中进行寻找,内容可以从产品的风格、设计、颜色、材质、工艺、品牌、功能、配件等方面着手。卖点包含三种含义:

一是任何产品应该向消费者传播一种主张、一种忠告、一种承诺,告诉消费者购买本产品会得到什么样的利益。

二是这种主张应该是竞争对手无法提出或未曾提出的,应该独具特色。

三是这种主张应该以消费者为核心,易于理解和传播,具有极大的吸引力。

结合珠宝的特色,产品的卖点大多源自品牌的定位、优点和购买者的需求,很少考虑产品的功能,所以较为有效的卖点模式多为:

- 卖情感
- 卖特色
- 卖形象
- 卖品质
- 卖服务

● 卖概念

如周小宝珠宝以销售玉石类为主,其卖点是向消费者传播一种承诺:"周小宝,真珠宝",保证珠宝材质的真实性,并告诉消费者购买周小宝珠宝产品会"带来吉祥和美好",是竞争对手未曾提出的,独具特色,对主要目标客户具有极大的吸引力,对周小宝珠宝起到了很好的宣传作用。

(三)站内网店宣传

对于淘宝网店来说,站内推广是主要的宣传渠道,必须非常熟悉。站内推广主要有橱窗推荐、淘宝客、直通车、钻石展位等。

1. 橱窗推荐

橱窗推荐,对于淘宝卖家来说是最基本的推广工具,也是最有效的一种推广方式。橱窗推荐宝贝的排名特点:

(1)有橱窗推荐的宝贝比没有橱窗推荐的宝贝排在前面。

(2)在没有橱窗推荐的情况下,按照宝贝剩余的时间多少排列,时间越短,排列越前。橱窗位就这么几个,该如何来分配?橱窗推荐运用的方式如下。

(a)见缝插针式:把宝贝每隔十分钟或半个小时安排上架和橱窗推荐,让自己的宝贝增加被浏览的机会。

(b)兵团作战式:每天某几个时段同时出现在前页,让自己的宝贝在顾客面前有个视觉轰炸。具体哪种方式更适合自己,那就需要自己的摸索和实践了。

橱窗推荐具有很强的灵活性,可针对自己店铺的情况酌情使用,只有充分地了解其性能,才能够活学活用,利用橱窗推荐能给你的店铺带来意想不到的收益。

淘宝中的买家分为两种,一种是随机购买,这样的买家和很多女性逛街一样,喜欢在淘宝逛商铺,看到喜欢的东西就淘两件;另一种就是有消费需求的买家,因为想买而上淘宝。

橱窗位是专门为第二种买家准备的,因为只要买家输入他需要的宝贝名称,所有的宝贝都将一览无余。宝贝数量多达上百页,而最先看到的一般是马上要下架的宝贝(搜索页是默认时间排序的,也可以按照价格高低排序等),而买家大部分是在前几页去选择宝贝,并找在线的店主接洽。那么,如何设置橱窗宝贝就很关键了。

设置橱窗宝贝推荐位的方法有三种,具体如下:

(1)在上传宝贝时选择橱窗推荐后提交,具体操作方法为:登录"我的淘宝"≫"我是卖家"≫"我要卖",编辑宝贝信息的同时点选橱窗推荐位。这是最简单的一种方法,只需要平时上传宝贝时注意一下即可。

(2)在"我的淘宝"出售中的宝贝中设置,具体方法为:登录"我的淘宝"≫"我是卖家"≫"出售中的宝贝"≫"选择要推荐的宝贝"≫设置/提交橱窗推荐。

(3)同样在"我的淘宝"及"我是卖家"处设置,具体方法为:登录"我的淘宝"≫"橱窗推荐"≫"选择要推荐的宝贝"≫设置/提交橱窗推荐。

完成橱窗推荐后的效果见图1-7。

图1-7 完成橱窗推荐后的效果图示例

2. 淘宝客

淘宝客,指一种按成交计费的宣传模式,也指通过宣传赚取收益的一类人,俗称淘宝联盟。淘宝客只要从淘宝客宣传专区获取商品代码,任何买家(包括您自己)经过您的推广(链接、个人网站、博客或者社区发的帖子)进入淘宝卖家店铺完成购买后,就可得到由卖家支付的佣金。简单说,淘宝客就是指帮助卖家推广商品并获取佣金的人。

淘宝客可以在淘宝客推广专区复制单件商品的代码(即推广链接)后粘贴到自己想要推广的地方,如博客、论坛、个人网站等地方。淘宝客属于淘宝站外推广的一种,使用得并不是很多。通过淘宝客进行推广费用相对较低、更有效一些。自2015年以来被多家卖家发现并使用。

淘宝客常用的几种宣传平台:

⊙ 社交工具

⊙ 博客

⊙ 论坛

⊙ 朋友圈

⊙ 公众号

3. 直通车

淘宝直通车是为专职淘宝卖家量身定制的,按点击付费的营销工具,为卖家实现宝贝的精准推广。淘宝直通车推广,在给宝贝带来曝光量的同时,精准的搜索匹配也给宝贝带来了精准的潜在买家。淘宝直通车推广,用一个点击,让买家进入店铺,产生一次甚至多次的店铺内跳转流量,这种以点带面的关联效应可以降低整体推广的成本和提高整店的关联营销效果。同时,淘宝直通车还给用户提供了淘宝首页热卖单品活动和各个频道的热卖单品活动以及不定期的淘宝各类资源整合的直通车用户专享活动。

但是开通淘宝直通车,需要达到一定的条件,具体如下:

(1)店铺信用等级≥2星,店铺动态评分各项≥4.4分。
(2)店铺主营商品所属的类目需要先加入"消保"并缴纳保证金。
这两个条件,缺一不可。

如果你符合条件,那么该如何开通直通车呢?点击"卖家中心"→"宝贝管理"→"推广宝贝",进入直通车推广页面,选择自己需要的进行开通(图1-8)。

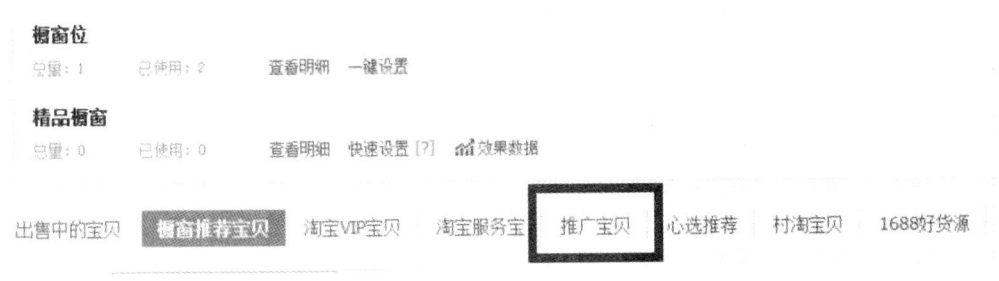

图1-8 选择"推广宝贝",进入直通车推广页面

对于开通直通车的淘宝卖家来说,关键词的质量分很重要,因为质量分就意味着钱,提高质量分就是开通直通车后的首要工作。那么,质量分和哪些因素有关系呢?

第一,宝贝上架时所选的类目属性一定要正确、完整。比如说上架的是一款吊坠项链,宝贝的属性有:锁骨项链、白色、雪花、带配石等信息,在勾选的时候一定要全部选择。这不仅是提高质量分的基础工作,也有利于提高宝贝的自然搜索排名。

第二,宝贝标题的优化。宝贝的标题应该和类目属性具有较大的关联性,当然,也要综合考虑流量大的关键词或者热门搜索词。

第三,设置宝贝的推广标题。参加直通车的宝贝可以有两个标题,每个标题20个字,因此,一定要利用好这20个字。这20个字的内容尽量把与宝贝关联性最大的词语放进去,就要把这些信息尽可能地填写进去。

第四,推广的连续性。如果只是从早上8点到晚上12点推广,周一到周五的话,质量分必然会受到影响。因此,在0点到8点这个时间段,可以设置按照比例来进行投放,这样就不会影响到质量分了。

第五,点击率。点击率越高,质量分也就越高,因此,能够提高点击率的、有促销文字和创意的图片也是提高直通车质量分的重要法宝。

4. 钻石展位

钻石展位(简称钻展)是淘宝网图片类广告位竞价投放平台,是为淘宝卖家提供的一种营销工具。钻石展位依靠图片创意吸引买家点击,获取巨大流量。钻石展位是按照流量竞价售卖的广告位。计费单位为CPM(每千次浏览单价),按照出价从高到低进行展现。卖家可以根据群体(地域和人群)、访客、兴趣点三个维度设置定向展现。钻石展位还提供数据分析报表和优化指导。

钻石展位适合单品推广、店铺活动推广和品牌推广。进入钻石展位系统挑选一个合适的展示位,制作一个展示图片。然后创建推广计划、充值消费账户。系统根据设置的价格、日期、时段竞价投放展示图片。

除了以上几种站内宣传,还有麻吉宝、淘金币、聚划算、天天特价、旺铺、搭配套餐、买就送/退等一些常用的宣传方式,大多是付费推广,还有免费淘宝社区推广。

总之,网店开办后,要从以下四个方面努力,才能提高成交量。

(1)客户怎么找到你的产品?——淘宝 SEO、淘宝活动、淘宝广告等。
(2)客户为什么会看你的产品?——产品卖点。
(3)客户为什么会买你的产品?——描述、评价、定价、主图、销量。
(4)你怎么说服客户购买?——客服旺旺。

总结语:

珠宝网店结合珠宝的特性,利用电商平台,打破传统珠宝的销售模式,可以更快速地突破珠宝目标客户对网络购买的信任感,让珠宝电商发展更加迅猛、稳健,所以产品推广至关重要。

随着互联网购物的普及,珠宝这样高价值的产品也慢慢互联网化,如何更好地在互联网上展示产品,如何很好地在线下结合线上带给客户极致体验也成为了珠宝互联网企业需要考虑的关键。

三、完成任务

任务 1:店铺宣传方案设计

请登录已开通店铺的后台,结合现在的市场行情,拟定店铺宣传方案,并记录。

任务 2:店铺产品卖点分析

请分析店铺产品的卖点、可以满足目标客户的需求等,完成下表(选取四款不同的橱窗商品)。

橱窗商品	产品简单描述	可以满足目标客户的需求	卖点	采用的卖点模式
产品一				
产品二				
产品三				
产品四				

任务3：宣传渠道选择

请根据宣传方案及产品信息，选择合适的宣传渠道，并记录。

任务4：发布橱窗推荐产品

请针对已开通网店的产品，发布橱窗推荐产品，进行推广，并记录。

新手开淘宝网店如何快速提高信誉度？

新手开店，最头疼的就是信誉问题，没有信誉也就没有销量，以至于大部分新手都难以坚持下来。

因为以前有过在淘宝上购物的经历，所以小明选择了在淘宝上开店。在淘宝开店投资少、风险小，正适合小明这样没有什么经济来源的人。经过一段时间的筹备考察，小明的淘宝小店也终于正式开张了。为了这个小店小明付出了很多心血，但小明不会后悔。不管多么难，小明都会坚持下去，让小明的小店始终能为广大顾客服务。同时小明也会用最大的热情来迎接广大顾客，让亲们能够在小明的小店里购物愉快。小明始终坚信一段话：

走向最远的方向——哪怕前路迷茫；

抱着最大的希望——哪怕山穷水尽；

坚持最强的意志——哪怕刀山火海；

做好最坏的打算——哪怕从头再来。

小明从新手如何快速提升信誉方面提出了自己的见解，小明不敢保证一定管用，也不一定适合所有的人，所以仅供大家参考：

(1)发动亲友捧场，提高信誉度。

(2)创新宣传模式，一定要学会发精华帖。

(3)尽量让旺旺在线。

(4)消费者保障制度，淘宝先行赔付，7天无理由退换货等。

(5)始终保持信心，不要轻言放弃，把勤奋和努力升华为全力以赴。

请记住：

创业不难,难的是在面对创业过程中遇到的一系列疑难杂症时,是选择放弃,还是选择超越!

盈利不难,难的是在盈利之后,是否总结过在这个过程中哪些方面做得好,还有哪些方面做得不足,需要改进。

做皇冠卖家不难,难的是能否坚守当初创业时的那份激情!

任务 测评

一、知识测评

选择题

1. 影响消费者购买需求的因素有哪些？（　　）

   A. 产品的价格　　　　　　B. 受众的收入

   C. 受众的偏好　　　　　　D. 产品的广告宣传

2. 关于商品的卖点,下列哪项不正确？（　　）

   A. 定位　　　　　　　　　B. 优点

   C. 交易对象

   D. 产品卖点可以从产品的风格、设计、颜色、品牌、功能、配件等方面寻找

3. 以下关于店铺的推广,下列哪项是错误的？（　　）

   A. 主要有店内推广和店外推广

   B. 店内推广比店外推广费用要低

   C. 钻石展位适合单品推广、活动店铺推广和品牌推广

   D. 搜索引擎的推广可以选取人气比较旺的搜索引擎

4. 淘宝网站内推广包括（　　）。

   A. 钻石展位　　　　　　　B. 淘宝客

   C. 橱窗推荐　　　　　　　D. 直通车

二、学习效果测评

1. 针对自己的商品,是否能够科学地分析受众的购买需求？　　　　　　（　　）

   A. 能够独立完成受众的购买需求分析

   B. 需要他人协助才能完成

   C. 不能完成

2. 是否能够准确地确定或挖掘出产品的卖点？　　　　　　　　　　　　（　　）

   A. 能够独立完成,并能结合店铺需求准确分析商品的卖点

   B. 基本能够完成,但是需要他人协助

C. 不能完成

3. 是否能够根据店铺营销目标,选择合适的宣传渠道? （　　）

A. 可以独立完成,并能够对不同渠道的宣传情况进行跟踪和调整

B. 基本可以完成,但是灵活性和创新性不够,遇到问题需要他人协助

C. 不能完成

4. 是否能够完成店内宣传? （　　）

A. 可以独立完成,并能够对宣传情况进行跟踪和调整宣传策略

B. 基本可以完成

C. 能完成

5. 对于本任务的学习,学习成果有哪些?不足有哪些?

知识 运用

请分别在橱窗位、淘宝客、直通车、钻石展位展示你的商品,时时记录其每天的点击量和咨询量,以及带来的成交订单数量,进行对比,并总结几种宣传渠道的效果。

任务五　珠宝产品库存与物流

珠宝产品库存与物流PPT

任务 内容

珠宝产品不同于其他商品,它的库存管理和物流配送有哪些需要注意的地方呢?怎样才能在流通过程中减少损耗和风险呢?

任务 目标与要求

1. 掌握珠宝产品库存管理常用的方法
2. 了解物流配送的流程
3. 掌握珠宝产品在物流配送过程中需要注意的地方

任务实施

一、课前准备

1. 了解物流服务商的运作流程
2. 了解商品库存管理的相关知识

二、知识学习

(一)珠宝产品库存管理

库存管理很重要,是一项系统性较强的活动,它与企业的资金流、信息流、物流等环节息息相关、不可分割,可以说库存管理的好坏,关系到电商的生死。

淘宝C店基本都属于中小卖家,由于这些卖家大多还处于成长阶段,资金少、库存规模小、产品种类少、数量小、易控制等因素使得大多数卖家对于库存管理的认识不够深刻,甚至认为不需要做库存管理,这种想法是极其有害的。

电子商务中的库存管理是通过电子商务网络平台将供应方生产运营与需求方消费需求连接起来,从而实现信息交换。因此,电子商务中的库存管理通过电子商务网络平台把供应商、客户和生产企业本身有效地联成一个整体,以最快的速度将各地库存集中起来供企业使用,通过信息流的高速传递,有效加速物流和资金流的流动,提高库存周转率,实现"零库存"。所谓的零库存,是指物料(包括原材料、半成品和产成品等)在采购、生产、销售、配送等一个或几个经营环节中,不以仓库存储的形式存在,而均是处于周转的状态。其管理核心在于建立一个有效的从生产到销售的系统,将生产、销售周期尽可能地压缩到最短,力求避免无效库存。

1. 库存管理的基本工作

从商品入库、检查商品到做好入库登记等都属于库存管理的基本工作。

1)商品入库

(1)检验入库商品,必须注意商品的品名、登记、规格、数量、单价、材质等。

(2)填写货号,根据库存管理方法做好入库登记,放在指定的位置,填写入库单。

2)商品出库

一定要根据客户订单认真填写出货单,做好与物流公司的对接工作。

2. 常用珠宝产品库存管理方法

1)Excel表格

Excel表格具有强大的分类、筛选、统计的功能,通常宝贝库表的需要记录项目有:

品牌、分类、名称、产品包装、包装颜色、生产日期、入库数量、入库日期、到期日期、产品编号、货位、剩余库存、出库日期、出库数量等内容,具体到不同的宝贝可能还有不同的项目,可以酌情增减。

2)ABC 法

ABC 法是把珠宝库存商品按其品种、数量和金额的大小,划分成 ABC 三类,进而针对不同的种类采用不同的管理与配置方法的分析方法。在物流领域中,用这种方法对商品品种与销售额,或商品品种与数量的相关性加以分析,来决定企业生产的重要品种、服务率、断档率、库存规则和库存量等。

采用 ABC 分析方法,首先将各品种按销售额从大到小依次排序,然后按顺序将各品种数累计相加,分别计算出累计品种数占总品种的比例(%);再将销售额依次按顺序累计,分别计算出销售额占总销售额的比例(%)。这样,从销售额多的品种开始,分为 ABC 三个区域。对 ABC 三类不同的商品应采用不同的管理方法。

3)定期订货法

订货的时期以日、周、旬、月等为一定间隔进行定期订货的方式。在 ABC 三类管理中,适合于 A 类商品,定期订货法主要有如下两种方法:

(1)定期定量订货法。这是在一定时期内定量订货的方法,其定量通常以经济批量为标准。这种方法适合于常销的珠宝产品。

(2)定期不定量订货法。订货时期是固定的,但订货量由每次需要预测决定。这种方法适合于单价高、备货时间长的珠宝。

4)两库存法

将相同物品分别放入两个邻接的容器(或者货棚)保管,先使用其中一个容器的货物,待容器空了时,再对这部分提出订货,并开始使用相邻容器的货物,就是两库存法。两库存法适合于 ABC 管理中的 C 类物品和单价便宜、保管不太费事的货物,对于一些价格较低的珠宝,尤其是银饰品等比较适合。

(二)珠宝网店物流管理

做好网店的物流管理,首先必须要学会如何选择物流公司和设置运费模板,在"商品上传"部分有简单说明,在商品上传的过程中需要选择物流和运费模板。

(1)结合珠宝特色,选择物流公司:

⦿ 服务好,覆盖范围广

⦿ 速度快

⦿ 安全系数高

⦿ 多选几家做好比对

(2)设置运费模板。打开"卖家中心",点击"物流工具",选择"运费模板",进行设置。需要填写名称、地址等,其中"运送方式"可以选择"快递""EMS"等,点击"为指定地区城市设置运费",根据自己的需求设置不同城市的费用标准。"保存"完成设置,可以设置多个运费模板。在宝贝上传过程中,可以根据自己需求选择合适的运费模板。

完成了物流公司的确定和运费的设置,就可以进行正常的物流配送了。

1. 珠宝网店物流配送流程

根据出库单、客户订单反复核对,打包商品,与快递员对接,进入物流公司配送环节,最后再经由快递员到服务点,根据订单信息进行派送,客户检查签收。

2. 珠宝网店物流配送注意事项

因为珠宝属于易碎、高价商品,在物流配送过程中,需要注意的方面比较多。

1)打包注意事项

珠宝首饰产品一般都需要附送首饰袋或首饰盒,通过以下方法可以让你的服务显得更贴心。

(1)一定要用纸箱包装。对于首饰来说,3层的12号纸箱就够用了。为了节约成本,可以到网上去购买纸箱。

(2)一定要以报纸或泡沫等其他填充物填充,以便让首饰盒或首饰袋在纸盒里不晃动。

(3)纸箱四个角一定要用胶带包好。因为邮寄时有很多不确定因素,比如在递送过程中另一件液体货品和你的货品在同一个包装袋里,一旦这个液体货品的包装不严密,出现泄漏,你的货品就可能会被浸泡。所以,纸箱的四个角一定要用宽胶带包好,这样也可以更好地防止撞击。

(4)附送一张产品说明卡,这样显得比较专业。

2)整体包装注意事项

(1)包装盒尽量大一点,即使你发的哪怕是一颗小小的钻石,也尽量用一个大点的纸箱包装。这样做的目的,是避免快递公司在中转站分拣或派送过程中被人顺手牵羊。

(2)到底要不要保价,要慎重。俗话说,做人要低调,财不外露。如果你按实际价值保价那还好,丢了会按保价赔付。可如果不是呢?曾有人发了一件价值20万元的东西,按最高额度保价了2万,这不是把"值钱"写在了脸上吗?这就难免会引起一些人的觊觎,增加风险。

(3)快递单物品栏写什么?本着低调的原则,物品栏尽量不要写看起来太值钱太容易变现的东西,比如不要写"钻戒""奢侈品",可以写"水晶""饰品""首饰""工艺品""礼品"等。

(4)保价到付的好处。顺丰途中运输的速度很快,而保价到付的包裹,顺丰在到达后派送时,会优先考虑。因为只有包裹送达,才能获取邮费。

(5)不要自作主张,把商品的价格标签放入包装箱内。因为有些顾客购买商品是用来送礼的,这些顾客希望网店直接发货给他的朋友,而他们一般是不愿意让朋友知道这件礼物的价格是多少、在哪里买的。

（6）可在包裹中加上商品说明。在给买家的包裹中有针对性地写一些提醒资料，比如如何保存、如何打理等，会让顾客感到卖家很人性化、很贴心，从而成为你的老顾客，甚至给你带来很多新顾客。

（7）无论你用什么包装寄东西，都应把盒子弄得干干净净，破破烂烂的包装会让人怀疑里面的东西是不是已经压坏了，甚至怀疑产品的质量问题。所以包裹一定要干净整洁，在不超重的前提下尽量用硬壳包装。

（8）如果你自己弄张小卡片、小饰品之类的放在商品里送给买家，会让买家有一种超值的感觉。因为一般买家都是本着能收到货就好的心态，现在不但收到了意想中的商品，还会有礼物跟着来，不给个大大的好评也太过意不去了。

总结语：

1. 接到订单并不意味着产品的成功销售，销售永无结束，如果一定要有个结果的话，那一定是消费者给了五星的评分，可以记为此单销售结束。

2. 珠宝的库存不能依赖于库存软件，大多数珠宝虽是小件商品，但是多属于贵重商品，不能按小件商品的库存管理模式进行存放。

3. 物流对珠宝的销售绝对起着至关重要的作用，常常最后的成交就因为物流不给力而成为泡影。

三、完成任务

任务1：订单全程跟踪记录

请全程跟踪记录订单，从接单、仓库打包商品，直到最后通过物流配送到消费者手中，记录过程及出现的问题。

任务2：库存环节优化

请思考自己的珠宝产品库存管理采用什么样的方法更合理，可以减少库存损耗。

任务3：珠宝产品包装实践

珠宝产品如何包装更安全？你是如何包装自己网店的珠宝产品的？

任务4：物流配送环节实践

您在物流配送中遇到过哪些问题？对这些问题自己是怎么解决的？有没有更好的方法？

2016年中国珠宝电商发展新趋势

近年来，为顺应"互联网+"时代的发展，各个行业都纷纷涉足电子商务寻求突破。珠宝电商也快速崛起，周大福、周生生、钻石小鸟、翡翠王朝等国内不少珠宝品牌都在电子商务领域取得了不俗的成绩。当下，电子商务正促使珠宝企业在经营和销售方式上借助互联网的普及而发生着变化，珠宝行业采用电子商务进行可持续性的发展，不是一种选择，已经成为一种必然。

早期珠宝电子商务的发展主要是创建网上商城、借助第三方平台等方式，而随着电子商务的发展，那些模式很可能会快速成为过去时，"互联网+珠宝"并不是简单意义上的把珠宝放上网，要想在珠宝市场上占有一席之地，珠宝电商或将创建更新的模式。目前，国内的珠宝电子商务已经进入一个理性发展时期，珠宝电商市场也已经呈现出新的气象。

一、知识测评

多选题

1.库存管理过程中，建立的商品库存表包含哪些内容？（　　）

A. 品牌　　　　B. 名称　　　　C. 货位　　　　D. 产品包装

2. 珠宝产品库存管理办法包含（　　）。

A. ABC法　　　B. 定期订货法　　C. 两库存法　　D. 经济批量法

3. 物流公司的选择，可以优先选择具有哪些优势的公司？（　　）

A. 价格低　　　B. 速度快　　　　C. 安全系数高　　D. 服务好，覆盖范围广

4. 珠宝网店物流配送注意事项有哪些？（　　）

A. 附送一张产品说明卡，这样显得比较专业

B. 一定要以报纸或泡沫等其他填充物填充，以便让首饰盒或首饰袋在纸盒里不晃动

C. 包装盒尽量大一点，即使你发的哪怕是一颗小小的钻石，也尽量用一个大点的纸箱包装

D. 如果你自己弄张小卡片、小饰品之类放在商品里送给买家，会让买家有一种超值的感觉

二、学习效果测评

1. 是否掌握了常用的几种库存管理方法，你觉得最好用的是哪种？　　　　（　　）

A. 已经掌握，我觉得最好用的是＿＿＿＿＿＿＿＿＿＿＿＿

B. 基本掌握，但是还不太会用＿＿＿＿＿＿＿＿＿＿＿＿

C. 几种库存管理方法都不太清楚

2. 是否能够结合自己网店的特色准确地选择合适的物流？　　　　（　　）

A. 能够准确选择，我选择的物流公司是＿＿＿＿＿＿，它的优势有：＿＿＿＿＿＿

B. 能够准确分析各物流公司的优势，但具体应用还不够

C. 不能

3. 结合自己的产品，在宝贝打包过程中，是否能做到准确、安全、低成本？　（　　）

A. 能够完成

B. 基本可以完成，但有时在路途中还是会有商品破损，成本较难控制

C. 不能完成

4. 对于本任务的学习，学习成果有哪些？不足有哪些？

＿＿＿＿＿＿＿＿＿＿＿＿＿＿＿＿＿＿＿＿＿＿＿＿＿＿＿＿＿＿＿＿＿＿＿＿＿＿

知识 运用

请结合各自的店铺在宝贝库存过程或物流过程中出现的最难处理的问题案例，小组讨论解决方法，并整理完成下表。

序号	问题描述	属于哪个环节	你目前是怎么解决的	小组讨论最终解决方法	效果跟踪

项目二

运营珠宝网站

项目简介

随着信息技术和互联网的不断发展,传统的企业宣传和推广模式正在发生转变,网站宣传和推广越来越受到企业的重视。网站是珠宝企业在互联网上进行网络营销和形象宣传的平台,相当于企业的网络名片。设计优良的珠宝企业网站不但对企业的形象是一个良好的宣传,同时可以辅助珠宝企业的营销。珠宝企业可以利用网站来进行品牌宣传、产品资讯发布、人才招聘等。

珠宝企业网站的建设包括建站前的准备、网站页面设计与制作、网站的发布以及网站后期推广与维护等。珠宝企业网站制作应注重浏览者的视觉体验,加强客户服务,完善网络业务,吸引潜在客户关注等。

项目知识目标

1. 了解和认识珠宝网站的营销功能
2. 掌握域名申请、空间申购、网站备案的过程和方法
3. 熟悉制作珠宝网站的一般流程和方法
4. 掌握珠宝网站的推广方法

项目能力目标

1. 能进行网站域名申请、空间申购和网站备案
2. 基本能制作简单珠宝网站
3. 能进行珠宝网站营销宣传

项目素质目标

1. 具备良好的信息素养

2.有较强的网络沟通能力

3.体会小组合作建设网站过程,培养团队精神

项目 任务安排

任务一　认识珠宝企业网站的营销功能
任务二　珠宝企业网站建设前期准备
任务三　珠宝企业网站的制作
任务四　珠宝企业网站的备案、推广与维护

任务一　认识珠宝企业网站的营销功能

认识珠宝企业网站的
营销功能PPT

任务 内容

假设您是某珠宝企业网络部门的员工,现在需要为某珠宝企业建立企业网站,首先您需要全面地了解和认识珠宝企业网站的营销功能。

任务 目标与要求

1.通过收集资料,了解网站的类型和一般功能
2.通过资料学习和案例分析,进一步认识珠宝企业网站的营销功能

任务 实施

一、课前准备

请在网上搜索三个珠宝品牌,并分别访问浏览这三个品牌的官方网站。

请对比分析这三个珠宝品牌的官网,它们分别提供了哪些信息,有什么作用?

二、知识学习

随着网络的普及,利用网站提高企业及品牌的知名度已势在必行。中国已经有越来越多的人使用互联网。企业借助网站、运用网络营销手段改善经营、开拓市场、提高企业竞争力,已被公认为是一种成本低而效率高的方式,这将为我们传统的经营方式带来革命性的变化。

目前企业网站主要有以下三类。

(一)信息发布型企业网站

信息发布型企业网站属于初级形态的企业网站,不需要太复杂的技术,而是将网站作为一种信息载体,主要功能定位于企业信息发布,包括公司新闻、产品信息、采购信息等用户、销售商和供应商所关心的内容,多用于品牌推广以及沟通,网站本身并不具备完善的网上购物功能。

这种类型的网站由于建设和维护比较简单,资金投入也较少,初步解决了企业建设网站的需要,因此成为中小型企业网站的主流形式。即使对于一些大型网站,在企业网络化进程中也并非都一步到位,在真正开展电子商务之前,网站的内容通常也是以信息发布为主。因此,这类网站有广泛的代表性。

以"周小宝"珠宝官网为例,如图2-1所示,周小宝是中国内地新晋珠宝首饰品牌,其品牌官网以介绍该企业的品牌宣传和产品介绍为主,分为"首页""品牌介绍""产品展示""鉴赏课堂""官方网店""会员服务"和"联系我们"七大板块,对该珠宝企业进行了全面的宣传介绍。浏览者可以通过访问此网站了解周小宝的最新产品,结合线下的实际体验,对购买该品牌珠宝产品进行选择。

(二)网上销售型企业网站

在发布企业产品信息的基础上,增加网上接受订单和支付的功能,就具备了网上销售的条件。网上销售型企业网站的价值在于企业基于网站直接面向用户提供产品销售或服务,改变传统的分销渠道,减少中间流通环节,从而降低总成本,增强企业竞争力。网站直销是企业开展电子商务的一种方式,但并不是每个企业都可以做到这一点。

以"佐卡伊"珠宝官网为例,如图2-2所示,"佐卡伊"是从事珠宝网络销售的专业珠宝品牌,致力为珠宝爱好者与收藏者呈现品质风格上乘的珠宝,深入宝石采购、首饰设计与制作各环节,运用贵重金属、珍稀钻石与彩色宝石,以注重细节的工艺,追求隽永的珠宝美学风格。

"佐卡伊"珠宝官网分为"珠宝商城""钻石定制""婚戒""彩宝""全国实体门店"和"佐卡伊品牌"六大板块。在"珠宝商城"板块,用户可以选择商城中推出的各种珠宝商品进行线上购买。在"钻石定制"板块,"佐卡伊"采用GIA的钻石,客户把钻石的编号和质量输入网站中就可将其档案调出,从而买得放心,并且同样品质的钻石仅是实体专卖店价

图2-1 "周小宝"珠宝官网

格的40%~50%,顾客通过选钻、选托、镶嵌一步步完成钻戒的定制。

网络钻石销售属于"轻资产"运营模式,没有传统零售商的囤货和存货周转压力及高昂的营业费用,这就节约了传统钻石珠宝零售商高额的店面成本、运营成本和管理成本。结合"佐卡伊"在全国主要城市开设的实体门店,实现"线上定制+线下体验"的全新体验式购物模式,为类似于钻石这种奢侈品的网上销售提供了新思路。

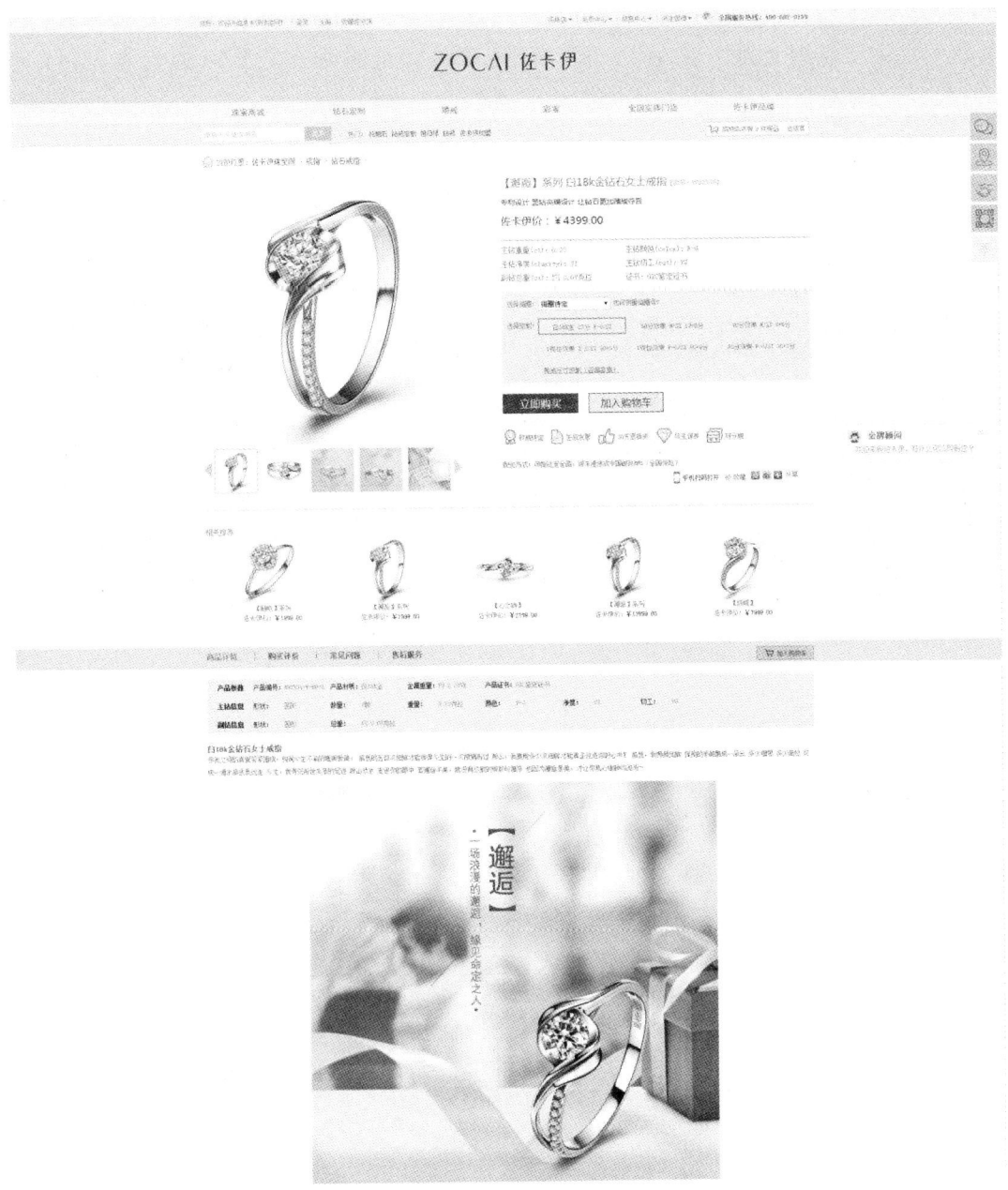

图2-2 "佐卡伊"商品页

(三)综合型电子商务网站

网络销售是企业销售方式的电子化,但不是企业电子商务的全部内容,企业网站的高级形态,不仅仅是将企业信息发布到互联网上,也不仅仅是用来销售公司的产品,而是集成了包括供应链管理在内的整个企业流程一体化的信息处理系统。

电子商务网站面对的客户群体各不相同,常见的电子商务模式有 B2B、B2C、C2C 等。C2C 主要以淘宝为代表,而阿里巴巴、慧聪等大型网站则是 B2B 的代表,当当、京东、凡客、佰思云(图 2-3)等知名电商企业则是 B2C 的代表。

图 2-3 "佰思云商城"官网首页

三、完成任务

任务 1:讨论

请分析三种类型珠宝网站的异同。

任务 2:思考

请谈谈您对珠宝企业网站营销功能的看法。

 测评

一、知识测评

单选题

1.以下属于信息发布型企业网站的是(　　)。

A. 周大福官网　　　　B. 钻石小鸟官网　　　C. 阿里巴巴网　　　D. 新浪网
2. 以下属于网上销售型企业网站的是(　　)。
A. 周大福官网　　　　B. 钻石小鸟官网　　　C. 阿里巴巴网　　　D. 新浪网
3. 以下属于综合型电子商务网站的是(　　)。
A. 周大福官网　　　　B. 钻石小鸟官网　　　C. 阿里巴巴网　　　D. 新浪网
4. 以下属于B2B型电子商务网站的是(　　)。
A. 淘宝网　　　　　　B. 京东网　　　　　　C. 慧聪网　　　　　D. 腾讯网
5. 以下属于B2C型电子商务网站的是(　　)。
A. 淘宝网　　　　　　B. 京东网　　　　　　C. 阿里巴巴网　　　D. 腾讯网

二、学习效果测评

1. 您是否了解珠宝网站营销的重要性和意义？　　　　　　　　　　　　　(　　)
A. 完全了解　　　B. 基本了解　　　C. 基本不了解　　　D. 完全不了解
2. 您是否掌握珠宝网站营销的内容和流程？　　　　　　　　　　　　　　(　　)
A. 完全掌握　　　B. 基本掌握　　　C. 基本没掌握　　　D. 完全没掌握
3. 对于本任务的学习，学习成果有哪些？不足有哪些？

知识 运用

请课后在网上多搜索一些珠宝网站营销方面的资料，进一步了解珠宝网站营销的功能。

任务二　珠宝企业网站建设前期准备

珠宝企业网站
建议前期准备PPT

任务 内容

假设您是某珠宝企业网络部门的员工，现在需要为公司建立企业网站，请尝试进行建站前的各种准备工作。

任务目标与要求

1. 了解建立网站需要做的各种前期准备工作
2. 会在网上注册域名和申请虚拟主机空间

任务实施

一、课前准备

假设某珠宝企业名为"周小宝珠宝有限责任公司",请您为该公司官网设计合适的域名。要求设计5个以供选择。

二、知识学习

建设珠宝企业网站是一个系统工程,包括建站前期准备工作、网站各网页的设计与制作、网站的发布、后期更新与维护以及网站的推广等。

珠宝企业网站建设前期需要准备的有域名的申请和注册、主机和空间的选购、网站内容和素材的准备等,下面重点介绍前两项。

(一)域名的申请和注册

域名是访问网站的重要入口,在浏览器地址栏中输入网站的域名后即可打开网站的主页。域名对应的是互联网中各服务器的 IP 地址,为了便于理解和记忆,采用字母和数字组合的形式形成域名。一个公司如果希望在互联网上建立自己的网站,就必须先取得一个域名。

对于域名管理认证机构而言,每一个域名的注册都是独一无二、不可重复的。因此,在互联网中域名是一种相对有限的资源,在注册域名时需要遵循"先申请先注册"的原则。

域名中的标号由英文字母和数字组成,每一个标号不超过 63 个字符,也不区分大小写字母。标号中除连字符"-"外不能使用其他的标点符号。级别最低的域名写在最左边,最右边的那个词称为顶级域名。由多个标号组成的完整域名总共不超过 255 个字符。

下面是几个常见的顶级域名及其用法：

.com——用于商业机构。它是最常见的顶级域名。任何人都可以注册.com形式的域名。

.net——最初只用于网络组织，例如因特网服务商和维修商。现在任何人都可以注册以.net结尾的域名。

.edu——用于教育机构。

.gov——用于政府部门。

.org——是为各种组织包括非盈利组织而定的，任何人都可以注册以.org结尾的域名。

.mil——用于军事机构。

下面以"zhouxiaobao.com"这个域名为例介绍域名注册的步骤。

1. 搜索域名

打开浏览器，在搜索引擎中输入关键词"域名注册"，搜索后可以看到很多推广广告，如图2-4所示。能够提供域名注册的公司不少，可以选择名气、实力大一些的公司，如阿里云旗下的"万网"。

图2-4 搜索"域名注册"

2. 选择"万网域名注册"进行注册

选择"万网域名注册"链接,打开"万网"主页,点击右上角的"免费注册",进入"万网"注册页面,填写注册信息,注册成为"万网"的用户,如图2-5所示。此用户将作为后面域名注册的所有人,必须牢记用户名和登录密码,便于后面对域名的注册以及充值续费等操作。

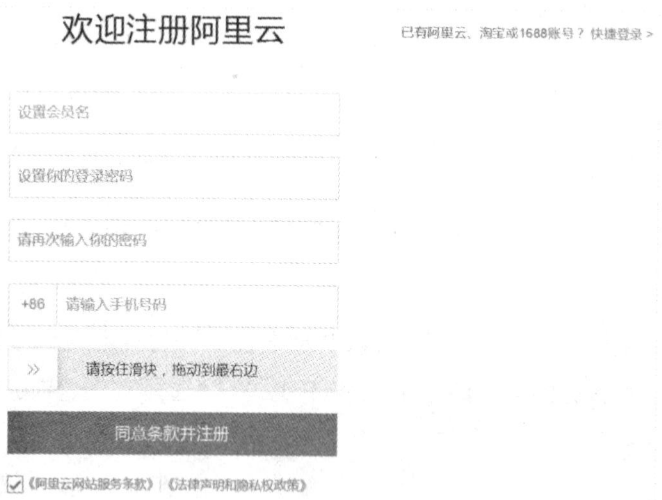

图2-5 "万网"的用户注册页面

3. 用注册好的账号登录"万网"

"万网"属于阿里云旗下网站,如果有淘宝账号也可以不用注册而直接用淘宝账号登录"万网"。

点击页面中的"域名注册",进入域名查询页面,如图2-6所示。

图2-6 "万网"的域名查询页面

4. 查域名

在查询框里输入"zhouxiaobao",点击"查域名"按钮,可查看该域名的注册情况,如图2-7所示。

图2-7 查询域名的注册信息

5. 查询结果分析

如果您想要的域名已被注册,需要修改域名继续查询,直至查询到未注册的域名后,点击加入清单,然后结算付款,此域名就注册成功了。域名有使用有效期,到期需要续费才能继续使用。

值得一提的是,在新的经济环境下,域名所具有的商业意义已远远大于其技术意义,它不仅代表了企业在网络上独有的位置,也是企业的产品、服务范围、形象、商誉等的综合体现,是企业无形资产的一部分。同时,域名也是一种智力成果,是有文字含义的商业性标记,与商标、商号类似,体现了相当的创造性。在域名的构思选择过程中,需要一定的创造性劳动,使得代表自己公司的域名简洁并具有吸引力,以便使公众熟知并对其访问,从而达到扩大企业知名度、促进经营发展的目的。

(二)主机和空间的选购

制作好的网站要能正常访问,必须将其放在服务器中。企业架设独立服务器的维护成本很高。一般来说,中、小型企业应选择成本较低的主机或空间服务,网上有很多提供主机和空间服务的公司机构。

主机大多是指服务器或者云主机,空间是指虚拟主机。虚拟主机也叫"网站空间",就是把一台运行在互联网上的服务器划分成多个"虚拟"的服务器,每一个虚拟主机都具有独立的域名和完整的 Internet 服务器(支持 WWW、FTP、E-mail 等)功能。

1. 选购虚拟主机的注意事项

(1)稳定。稳定是第一位的,没有稳定的服务器接入,就谈不上使用了。拥有一个稳定、高效率的虚拟主机空间,能够让网站中的所有功能都得到最大限度的发挥,带来最大的利益。

(2)高速。珠宝企业建立网站后,随着网站知名度的提升、网页访问的增加,网站速度会逐步下降。这是由于虚拟主机采用的是系统共享技术,在起初网页内容不多、浏览人数较少时,速度还有保障。但随着网页内容的丰富和访问者的增加,主机资源的消耗将造成网站访问速度明显下降。

(3)方便。虚拟主机空间提供商,给企业客户维护自己虚拟空间的办法通常有两种,一种是直接通过电话,联系提供商的服务中心,让技术人员帮助进行维护操作;另一种则是通过特定的网络管理界面,在网上自己对空间进行维护管理。但是,这样都无法让企业随时掌握虚拟主机和网站的运行情况。对于一个功能完善的企业网站来说,只有随时掌握网站的运行状况,才能更好地对网站的运行和功能的应用进行有效监控。

(4)价格。购买虚拟主机不但要考虑稳定、速度,价格也是很重要的一部分。珠宝企业在不具备充足的条件时,通过购买虚拟主机来架设企业网站是十分必要的,让专业的公司来承担服务器系统的维护和管理,使得珠宝企业能节约更多的人力和精力做其他的业务。

2. 选购虚拟主机的操作示例

在上一任务中提到的"万网"可提供虚拟主机服务。

(1)查看虚拟主机参数和价格。点击该网站页面中的"主机服务"板块,可查看其提供的各种虚拟主机参数及价格,如图 2-8 所示。

(2)根据企业需要选择合适的虚拟主机。点击"立即购买",进入订单页面,如图 2-9 所示。

(3)确认订单,完成支付。确认订单,点击"去支付",进入支付页面。支付成功后即可完成虚拟主机的购买。

也可选择其他虚拟主机服务商的产品,操作过程大都类似。在购买过程中如有疑问可以和客服联系寻求解答和帮助。

图 2-8 "万网"提供的虚拟主机服务

图 2-9 购买虚拟主机订单页面

三、完成任务

任务1：问题讨论

上一任务中三种类型珠宝网站建立前期准备需要有何不同呢？

任务 2：完成域名注册

请为您所在的珠宝公司设计一个域名并在网上注册，并将注册过程记录下来。

任务 3：完成虚拟主机空间申请

请您在网上申请一个虚拟主机空间，并将注册过程记录下来。

珠宝网站建立所需的时间

一种是模板网站，价格相对实惠，制作时间短，因为大部分工作已经在前期完成，主要是做内部图片设计和内容以及产品的上传，时间一般在3天左右就能完成。

另一种是定制设计型网站，当然这里说的定制指的是一般企业网站的定制，若是功能性网站的开发（比如内部管理软件、商城、特定会员管理系统等）则另当别论，因为越复杂需要考虑的时间单元越多。

1. 影响珠宝行业商城网站制作时间的几个因素

（1）网站的功能要求。网站的功能要求越多，所需时间越长。

（2）网站内容的多少。网站内容越多，所需时间越长。

（3）沟通是否充分。网站设计建设的过程，就是沟通的过程。沟通越充分，则制作周期越短；沟通不充分或者不顺利，则容易造成返工，制作周期会越长。

（4）文字和图片内容是否齐备。网站用到的文字以及产品项目图片，一般都需要客户准备。资料齐备，则有利于缩短制作周期。

2. 商城网站制作的流程

1）总体功能性

电子商务购物网站系统功能应包含：权限管理、商品管理、在线商品库存管理、排行榜管理、商品推荐管理、商品导购管理、会员管理、订单管理、团购管理、支付管理、配送管理、广告管理、留言管理、账务管理、即时通信管理、数据统计分析、日志管理、任务计划管理、物流配送管理，以及其他相关的业务辅助子系统。

2)前台设计板块

该板块主要包括:会员注册及登录板块、商品分类展示板块、商品信息搜索板块、加入购物车板块、生成订单板块、订单详细查询板块、物流信息展示板块、用户评价板块。

3)后台设计板块

商城网站后台功能应包含:商品类别管理、商品修改管理、会员注册和登陆信息管理、订单信息管理、新闻发布管理。

任务 测评

一、知识测评

单选题

1. 域名中可以包含的字符是(　　)。
   A. @　　　　　B. #　　　　　C. \　　　　　D. -

2. 因特网中计算机域名的最高域名表示地区或组织性质,以下(　　)代表政府机关。
   A. edu　　　　B. cn　　　　　C. gov　　　　D. com

3. 在因特网域名中,edu通常表示(　　)。
   A. 商业组织　　B. 教育机构　　C. 政府部门　　D. 军事部门

4. 下列表示域名的是(　　)。
   A. www.cctv.com　　　　　　　B. hk@zj.school.com
   C. zjwww@china.com　　　　　D. 202.96.68.123

5. 下面关于域名的说法正确的是(　　)。
   A. 域名必须转换成IP地址才能实现对网站的访问
   B. 域名可以自己任意取
   C. 域名专指一个服务器的名字
   D. 域名就是网址

二、学习效果测评

1. 您是否了解珠宝网站建设有哪些前期准备工作?　　　　　　　　(　　)
   A. 完全了解　　B. 基本了解　　C. 基本不了解　　D. 完全不了解

2. 您是否掌握珠宝网站域名申请的内容和流程?　　　　　　　　　(　　)
   A. 完全掌握　　B. 基本掌握　　C. 基本没掌握　　D. 完全没掌握

3. 您是否掌握珠宝网站虚拟主机空间申请的内容和流程?　　　　　(　　)
   A. 完全掌握　　B. 基本掌握　　C. 基本没掌握　　D. 完全没掌握

4.对于本任务的学习,学习成果有哪些?不足有哪些?

知识运用

假如你创业成立的珠宝公司要制作企业网站,请你为公司设计一个域名,并在网上查询该域名是否已被注册过。

任务三 珠宝企业网站的制作

珠宝企业网站的制作PPT

任务内容

假设您是某珠宝企业网络部门的员工,现在需要为公司建立企业网站,要为网站的制作提供板块结构、素材内容、页面风格、网站素材等,配合帮助网站制作人员完成网站的制作。

任务目标与要求

1. 了解珠宝网站制作的流程
2. 能对珠宝网站的结构、风格、内容等要素进行设计

任务实施

一、课前准备

> 请登录访问"周小宝"珠宝官网,观察网站有哪些板块,说出每个板块的主要内容和功能。

二、知识学习

珠宝企业网站有着自身鲜明的特色,它以宣传珠宝企业品牌,突出珠宝企业产品品质,提升珠宝企业形象为基本目标,在风格上应体现珠宝企业高贵、典雅、精致的特征。下面以制作"周小宝"珠宝企业网站为例,对珠宝企业网站的制作过程进行具体介绍。

(一)需求分析

制作珠宝企业网站之前,应充分与企业沟通交流,了解企业的建站需求,根据企业的要求制订网站建设方案。

通过与"周小宝"珠宝企业负责人进行充分的沟通,确定网站建设目标如下:

(1)帮助公司建立有效的企业形象宣传、企业风采展示、公司产品宣传网络平台,突出该公司提出的"周小宝,真珠宝"的企业品牌形象。

(2)充分利用网络快捷、跨地域优势进行信息传递,对公司的新闻动态进行及时报道,同时也介绍本行业国内外发展的最新信息和技术成果,推广国内外先进经验。

(3)实现网上产品信息、资料的搜索、供求信息等的发布,进行产品销售的在线指导,提供便利的产品及相关资料共享等网上服务,优化内部管理。

(4)为企业和客户提供网上开放平台,增进系统内外信息互通、经验交流。

(二)网站整体结构设计

根据需求分析结果,确定"周小宝"珠宝网站分为七个栏目,如图2-10所示。

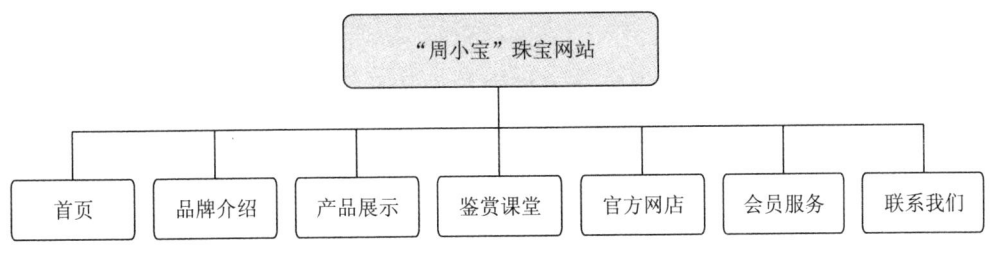

图2-10 "周小宝"珠宝网站栏目结构图

网站栏目规划充分考虑到"周小宝"珠宝公司展示企业形象、宣传品牌、扩大知名度以及网上营销的需要。网站采用静态和动态模块相结合的方式,企业能够自主、独立地完成网站中多数内容的更新。

网站页面的设计将充分体现"周小宝,真珠宝"的企业形象,在框架编排、色彩搭配以及Flash动画的运用等方面都应做到恰到好处,使整个网站在保证功能的前提下给使用者带来良好的视觉体验和精神愉悦感。

周小宝珠宝鉴赏网

(三)网站页面内容设计和制作

下面以"周小宝"珠宝网站为例,进行网站页面内容设计和制作。

1. 首页

首页是网站的第一窗口,决定着客户对企业的第一印象,其页面的布局和页面风格的设定,对网站整体定位起着决定性的作用。

"周小宝"珠宝网站首页中包含了网站各个模块和栏目的信息简介及链接通道。在设计风格上体现了高贵、典雅、精致的产品特点。网页 banner 区设计精美的 Flash 动态图册,给人以直观、鲜明的感受。

2. 品牌介绍

本栏目内容为"周小宝"珠宝品牌的定位、历史、经营特色以及品牌相关证书等信息,采用静态页面,让更多的客户来了解这个品牌。在页面布局上采用图文并茂的形式,力求将企业的经营理念、企业文化予以最好的传达。

3. 产品展示

本栏目主要展示公司销售的各种商品,图文并茂,让浏览者了解"周小宝"珠宝产品的品质和价值,为客户提供商品销售的在线指导。

4. 鉴赏课堂

本栏目对公司的新闻动态进行及时报道,同时也提供珠宝行业国内外发展的最新信息和技术成果,对珠宝的鉴赏、投资、市场等方面进行剖析和分享,吸引浏览者访问。

5. 官方网店

本栏目提供"周小宝"珠宝淘宝官方网店的链接和二维码,点击链接或扫描二维码均可进入公司开设的淘宝网店进行珠宝的选购。

6. 会员服务

本栏目采用动态网页技术,提供客户注册及留言功能,收集用户的信息和意见、问题等,能够对客户及潜在客户的资料进行管理,为会员提供增值服务,有效加强与客户的沟通和互动,从而达到稳定及发展企业客户的目的。

7. 联系我们

提供公司的联系方式和公司地址等信息,方便客户进行线下的进一步沟通和合作。

各个页面的设计和制作由专业的设计人员完成,网页设计师应加强与企业的沟通,在设计制作过程中不断调整改进,最终形成达到企业要求的成品网站。

(四)珠宝网站的发布

网站页面制作完成后,经本地测试无误后,需要将制作好的网页上传至前面购买的主机空间上,这样才能被互联网上的用户访问到。

以"周小宝"珠宝网站为例,使用"8UFTP"软件上传网站至虚拟主机空间中的操作步骤如下:

(1)搜索并下载"8UFTP"软件,安装软件至本地电脑。

(2)打开"8UFTP",输入虚拟主机空间的 ftp 地址、用户名和密码(由购买的虚拟主机服务机构提供),点击"连接"登录,如图 2-11 所示。

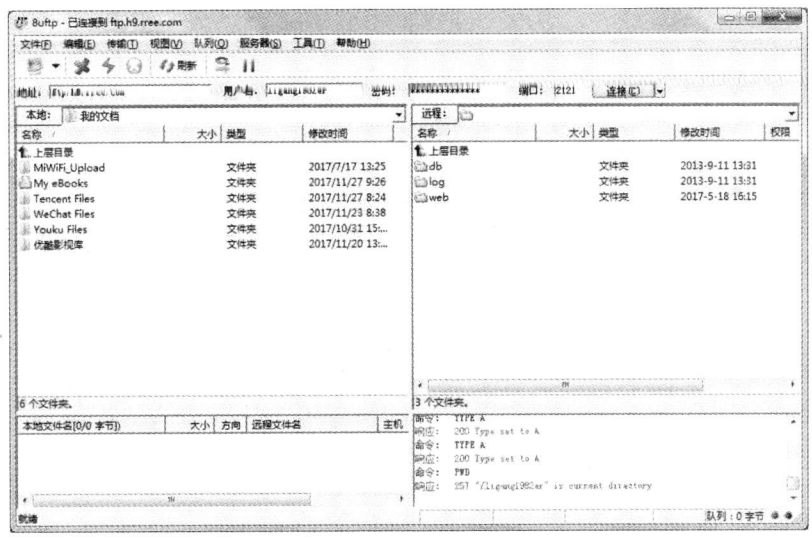

图 2-11 使用"8UFTP"登录虚拟主机空间

(3)打开软件右侧窗口中的"web"文件夹,在软件左侧窗口中找到保存在本地电脑磁盘中的网页文件,并将其全部拖动到右侧窗口中,即开始上传网站文件,待所有文件上传成功后就完成了网站的发布工作,如图 2-12 所示。

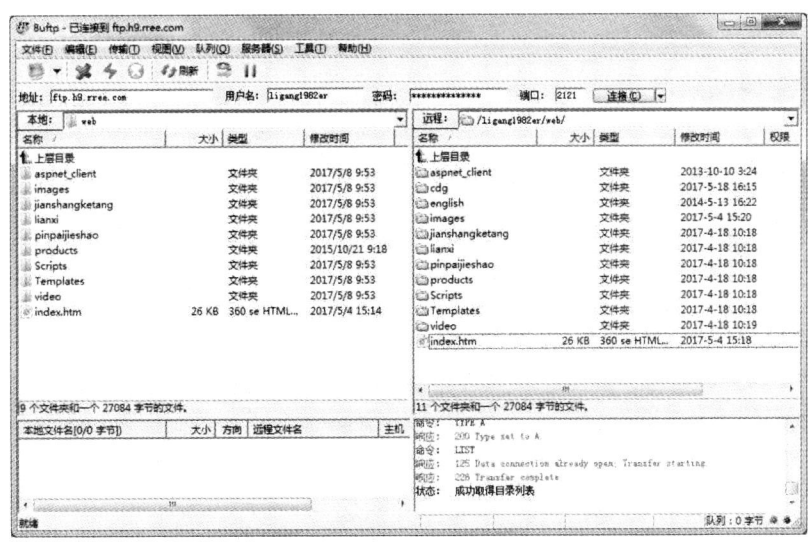

图 2-12 将本地网站文件上传至虚拟主机空间

使用"8UFTP"软件可以轻松建立与虚拟主机空间的连接,能够像在本地电脑上操作远程主机空间中的文件一样,实现对远程主机空间中网站文件的上传发布、修改更新及删除等操作。

三、完成任务

任务1:请完成企业网站设计各个板块的页面设计

请您为所在的公司企业网站设计制作各个板块的内容,并及时记录工作过程中的疑难和困惑。

任务2:请完成网站发布

请您将制作好的网站发布到申请的虚拟主机空间上,使网站能够正常访问,并及时记录工作过程中的疑难和困惑。

一、企业网站设计原则

1. 商业性原则

企业网站作为企业商业运作的一个组成重要部分,服务于企业文化的对外传播,服务于企业与客户、企业与员工沟通渠道的建立,完善企业服务体系,创造更多的商业机会,为企业经营者提供科学决策辅助。

2. 品牌性原则

企业网站为客户提供有价值的产品和服务,充分体现企业品牌优势,重点塑造企业网络品牌的个性化形象,使注意力资源尽可能地转化为品牌消费,建立企业忠诚的消费群体。

3. 经济性原则

建立适合企业自身需求的网络平台,提供广泛的涵盖用户多种需求的功能,数据处理方式灵活以满足用户高度智能化的需求,节省网站建设成本,并确保其较好的拓展性和开放性;同时网站具有基于Web界面的管理后台,企业能够自主对网站中大部分内容进行更新、修改操作,节省了企业网站的运营成本,提高了信息更新和传播的效率。

4. 扩充性原则

网站的整体规划及框架设计应当具有可扩充性,前台页面的设计能保证企业网站在增加栏目后不会破坏网站的整体结构。后台数据库的设计具有高度的扩充性,企业能够根据需要对栏目和类别进行增、删以及修改。

二、珠宝网站设计之界面效果

目前珠宝类的电子商务网站比较多,竞争激烈。网站除了功能性强外,良好的用户体验也能够增加人气量,促进消费者购买。

界面指的是网页的排版布局和视觉效果。珠宝网站的目标消费群体主要是年轻的女性消费者,这一群体接受能力强,追逐时尚浪漫,良好的用户体验是关键。用户体验包括:

(1)感官体验:呈现给用户视听上的体验,强调舒适性。

(2)交互体验:呈现给用户操作上的体验,强调易用/可用性。

(3)情感体验:呈现给用户心理上的体验,强调友好性。

(4)浏览体验:呈现给用户浏览上的体验,强调吸引性。

(5)信任体验:呈现给用户的信任体验,强调可靠性。

珠宝网站设计与其他网站不同,它要求有一定的专业性。

(1)页面布局:重点突出,主次分明,图文并茂。与珠宝网站的营销目标相结合,将目标客户最感兴趣的,最具有销售热点的信息放置在最重要的位置,如钻石类商品的重量、颜色、净度、切工等信息,彩宝类商品的材质、宝石产地、宝石功效、宝石尺寸等信息。

(2)色彩的搭配:颜色是影响网页的重要因素,不同的颜色对人的感觉有不同的影响。考虑到珠宝网站消费群体主要为女性,网站设计时主色调尽量选择蓝色调的颜色,背景色、元素颜色、文字颜色等搭配和谐。

(3)页面的可阅读性:文字的标题与正文区分明显,段落清晰。设置合理的页面长度,避免因页面过长而影响阅读。页面布局最好使用DIV+CSS,能加快网页的加载速度,避免网页加载时间过长而流失潜在客户。

一、知识测评

单选题

1.下面关于网站主页不正确的说法是(　　)。

A.浏览网站时最先访问的页面为主页

B. 主页包含整个网站的内容目录链接

C. 网站主页可以有多个

D. 主页是整个网站的导航中心

2. 网页文件的扩展名为(　　)。

A. GIF　　　　B. HTM　　　　C. DOC　　　　D. TXT

3. 关于站点与网页说法不正确的是(　　)。

A. 制作完成的网页最后要放置在服务器上

B. 完成作品后再将本地文件夹里完成的作品上传到服务器中成为真正的网站,服务器即远端站点

C. 制作者可以在服务器上制作网页

D. 制作网页时,常把本地计算机的文件夹模拟成远程服务器的文件夹,因此本地文件夹也称为本地站点

4. 目前在互联网上应用最为广泛的服务是(　　)。

A. FTP 服务　　　B. WWW 服务　　　C. Telnet 服务　　　D. Gopher 服务

5. 下面不是企业网站设计原则的是(　　)。

A. 商业性原则　　B. 品牌性原则　　C. 经济性原则　　D. 美观性原则

二、学习效果测评

1. 您是否了解珠宝网站制作的整个流程?　　　　　　　　　　(　　)

A. 完全了解　　B. 基本了解　　C. 基本不了解　　D. 完全不了解

2. 您是否掌握珠宝网站各个版块设计的原则?　　　　　　　　(　　)

A. 完全掌握　　B. 基本掌握　　C. 基本没掌握　　D. 完全没掌握

3. 对于本任务的学习,学习成果有哪些?不足有哪些?

知识 运用

请在课下为某珠宝公司网站划分板块,并为各个板块设计具体内容。

任务四　珠宝企业网站的备案、推广与维护

任务 内容

假设您是某珠宝企业网络部门的员工,现在需要对公司建立企业网站进行备案和推广,后期还需要对网站内容进行更新和维护等工作。

珠宝企业网站的备案、推广与维护PPT

任务 目标与要求

1. 了解珠宝企业网站备案的意义和网站备案的方法
2. 了解网站推广的一般方法
3. 能对制作好的珠宝网站进行备案、推广与维护

任务 实施

一、课前准备

请在网上搜集有关网站推广的方法,分析哪些适合您采用?并记录。

二、知识学习

(一)珠宝企业网站的备案

网站备案是根据国家法律法规要求,网站的所有者向国家有关部门申请的备案,主要有 ICP 备案和公安局备案。网站备案的目的是为了防止网站在网上从事非法的网站经营活动,打击不良互联网信息的传播。如果网站不备案的话,很有可能被查处以后关停。

一般来说,提供域名注册、虚拟主机空间服务的机构也会提供网站备案服务,即由这些机构帮助进行备案操作,企业只需要提供相关资料即可。例如,前文中的"万网"提供的网站备案服务流程如图 2-13 所示。

企业网站备案需要准备以下资料:

图 2-13 "万网"网站备案流程图

(1)1份(营业执照)副本彩色扫描件或复印件。
(2)1份网站负责人的身份证彩色扫描件或复印件。
(3)1张负责人的半身彩色照片(.jpg格式)。
(4)主办单位所在地的详细联系方式。

备案成功后,通信管理局将会给网站分配一个备案号,网站所有者应于15日内将备案号标识放置在网站首页的下方,以供公众查询,如图2-14所示。

图 2-14 "周小宝"珠宝网站备案信息

(二)珠宝企业网站的推广

珠宝网站推广的目的在于让尽可能多的潜在用户了解并访问网站,通过网站获得有关企业产品和服务等信息,达到宣传和营销的目的。珠宝网站推广需要借助于一定的网络工具和资源,常用的网站推广工具和资源包括搜索引擎、电子邮件、网站链接和分类广告、网络广告媒体、传统推广渠道等。

(三)珠宝企业网站的更新与维护

珠宝企业网站的建设并不是一劳永逸的,需要经常维护,更新内容,保持内容的丰富性和鲜活性,比如公司推出的新产品、新的服务内容、企业新闻、行业动态等,都应该尽快在网站上反映出来,以便让客户和合作伙伴及时地了解公司的详细状况,公司也可以及时得到相应的反馈信息,做出合理的处理结果。

珠宝企业网站的更新与维护可以由企业选派专业的技术人员负责,也可以外包给网络公司托管,及时提供要更新的信息,由对方负责更新与维护。

三、完成任务

任务1:请进行企业网站备案,并获取备案号

请为您所在的珠宝公司企业网站进行备案,获取备案号,并及时记录工作过程中的疑难和困惑。

任务2:珠宝网站推广计划讨论

讨论:如何准备一个珠宝网站推广计划?请将讨论结果记录在表格中。

任务3:网站推广计划制定

请为您所在的珠宝公司企业网站制定一份网站推广计划,并及时记录工作过程中的疑难和困惑。

如何更好地建设珠宝企业网站

珠宝企业网站要想在竞争激烈的珠宝互联网市场谋求一席之地,就必须建设好自己的珠宝网站。

1. 创新,做一个为顾客创造价值的网站

一个优秀的网站,是一个为顾客提供价值的网站。用户使用了你的网站后,会把网站记住,同时也会把网站传递给他周围的亲朋好友。珠宝企业网站建设带动了珠宝网络市场的发展,但是当我们浏览这些网站的时候会发现,它们在建设风格以及特点上都是大同小异,这种山寨似的风格是我们不提倡的,珠宝企业网站建设一定要有创新意识,有创新意识才会做出有自己特色的网站。

2.善于进行企业网站推广

从网站建立之初,就要高度重视企业网站的推广,从珠宝网站建设的优化到搜索引擎登陆和网站广告、反向链接等,都需要认真研究,让自己的网站从中受益。

任务 测评

一、知识测评

单选题

1.以下资料中哪一个在企业网站备案时不需要准备?(　　)

A.1份(营业执照)副本彩色扫描件或复印件

B.1份网站负责人的身份证彩色扫描件或复印件

C.1张负责人的半身彩色照片(.jpg 格式)

D.1张网站首页的截图照片

2.以下哪个不是网站的组成部分?(　　)

A.网页　　　　B.域名　　　　C.空间　　　　D.路由器

3.以下(　　)属于在网上查找资料的工具。

A.搜索引擎　　B.站长统计　　C.网络营销专家　　D.以上都不是

4.跟天涯属于同类型的网站是(　　)。

A.新浪　　　　B.优酷　　　　C.猫扑　　　　D.赶集

5.下面不属于网站推广方法的是(　　)。

A.搜索引擎推广　　　　　　B.电子邮件推广

C.传单推广　　　　　　　　D.信息发布推广

二、学习效果测评

1.您是否了解珠宝网站备案的整个步骤和流程?　　　　　　　　(　　)

A.完全了解　　B.基本了解　　C.基本不了解　　D.完全不了解

2.您是否掌握珠宝网站推广与维护的方法?　　　　　　　　　　(　　)

A.完全掌握　　B.基本掌握　　C.基本没掌握　　D.完全没掌握

3.对于本任务的学习,学习成果有哪些?不足有哪些?

知识 运用

请在课下为某珠宝公司网站设计出一份推广方案,并在网上实施。

项目三
撰写珠宝网络营销文案

项目简介

文案,原指放书的桌子,后来指在桌子上写字的人,现在一般指的是单位中从事文字工作的岗位。

珠宝网络营销文案是珠宝网络营销企业的基层工作岗位之一,是对网店文字编辑工作者的称呼,主要工作内容为撰写珠宝网店介绍、宝贝描述、促销形式、售后服务等一切网店所需的宣传介绍文字。

本项目以珠宝网店文案撰写为例,使学生掌握一定的珠宝网络营销首页文案、珠宝类商品标题和描述性文案、珠宝网络营销促销文案、珠宝网络营销软文等撰写技巧并能根据不同珠宝的特点及不同网络营销平台撰写特色文案。

项目知识目标

1. 了解珠宝网店首页文案的主要内容
2. 掌握珠宝类商品描述性文案的内容和撰写注意事项
3. 理解珠宝网店促销文案的概念和构成要素
4. 了解软文的概念和撰写方法

项目能力目标

1. 能够进行珠宝网店首页文案分析,撰写首页介绍文字
2. 能够撰写珠宝类商品标题和描述性文案
3. 能够撰写网店促销文案

项目素质目标

1. 有创意和良好的设计感觉

2. 具备一定的文字驾驭能力

项目任务安排

任务一　撰写珠宝网店首页文案
任务二　撰写珠宝类商品标题和描述性文案
任务三　撰写珠宝网络营销促销文案
任务四　撰写珠宝营销软文

任务一　撰写珠宝网店首页文案

撰写珠宝网店
首页文案PPT

任务内容

假设您是珠宝网店文案人员,请为您的网店撰写首页文案。

任务目标与要求

1. 了解珠宝网店首页的主要内容
2. 了解珠宝网店店铺介绍的类型和写作要求
3. 通过收集资料,对比分析不同珠宝网店店铺介绍文案撰写的特点和技巧
4. 通过撰写文案训练,基本能为珠宝网店撰写店铺介绍

任务实施

一、课前准备

请选择一种珠宝首饰,在网络上搜索该商品销量最大的前三家珠宝网店。

请对比分析这三家网店的店铺首页介绍文案,分别有哪些内容和特色。

二、知识学习

在网店中,首页是整个店铺的门面,代表着店铺的形象,能给买家留下第一印象。首页一般显示的是整个店铺最大的优势产品和促销活动(图3-1)。以便让顾客对本店产生兴趣,愿意继续浏览下去,因此网店的首页最重要的是吸引顾客的注意力。

图3-1 "周小宝"珠宝淘宝店首页示例

(一)珠宝网店首页的主要内容

常见的网店首页内容主要包括店铺页头区(如店铺招牌和导航)、店铺促销区(如全屏海报、全屏轮播、各种优惠券等)、店铺产品区(如产品分类、主推产品、热销产品、清仓产品等)和店铺页尾区(如客服中心、购物包装、发货需知、物流方式等)四部分。下面分别介绍。

1. 店铺页头区

图3-2是"钻石小鸟"天猫旗舰店铺页头截图,可见网店的店铺页头一般包括店铺招牌和导航设计两部分。

图3-2 "钻石小鸟"天猫旗舰店的店铺页头设计及宣传用语

1)店铺招牌

店铺招牌要有品牌特点,在设计时要考虑LOGO、店名、字体、色彩使用等。

(1)店铺 LOGO 和名称。对已有线下实体店的珠宝品牌,店铺的 LOGO 和名称可以直接使用,一般不需要重新设计;对没有 LOGO 的网店,需要根据经营内容和店铺特色设计。

(2)字体。字体设计包括中文字体和英文字体。在店铺设计时需要统一字体,字体选择需遵循少而精的原则,一般不要超过三种字体,重点部分可以加粗突出,字号大小要适宜,不要过大或过小。

(3)标准色。对已进行 VI 设计(即 Visual Identity,企业规范设计)的珠宝品牌,可以直接使用标准色。如果没有,那么在选择标准色时可以提取 LOGO 的色彩,然后参考行业和产品的色彩特征及竞争对手网店的色彩特征,进行区分和选择。在设计标准色时,一般情况下需要三种颜色(基础色、辅助色和突出色)作为基准色,保证店铺设计的统一及连贯。

(4)象征图案。作为辅助图形和标准色组合使用,协助网店浏览者对企业品牌进行识别。

(5)宣传用语。一般以一句话的形式来表现,可以是品牌定位、风格描述或一句情感化的广告语。在理想情况下,店铺的设计应该围绕这句宣传口语来进行,但是需要文案功底和设计功底,如图 3-3 示例。

图 3-3 "佐卡伊"天猫店的店铺页头设计和宣传用语

2)导航设计

网页导航指为方便访问者浏览,在网页中提供的栏目菜单设置、辅助菜单、其他在线帮助等。在网店中,导航设计需要考虑导航分类的名称、数量,是否需要设置收藏店铺,是否需要放促销信息,是否需要放热款链接等。

一般珠宝网店的导航分类可以按产品材质(如足金、K 金、铂金、银等)、品种(如戒指、项链、项坠、耳饰等)、设计系列(如各珠宝品牌的系列首饰等),还可以加上"新品专区""推荐搭配""今日金价""门店预约""品牌简介""客服中心""售后须知"等,各网店可以根据实际情况进行设计。

2.店铺促销区

网店首页的店铺促销区设计要考虑促销活动的主题和内容,重点展示的产品和推介顺序。一般使用全屏海报、全屏轮播、各种优惠券等(图3-4)。

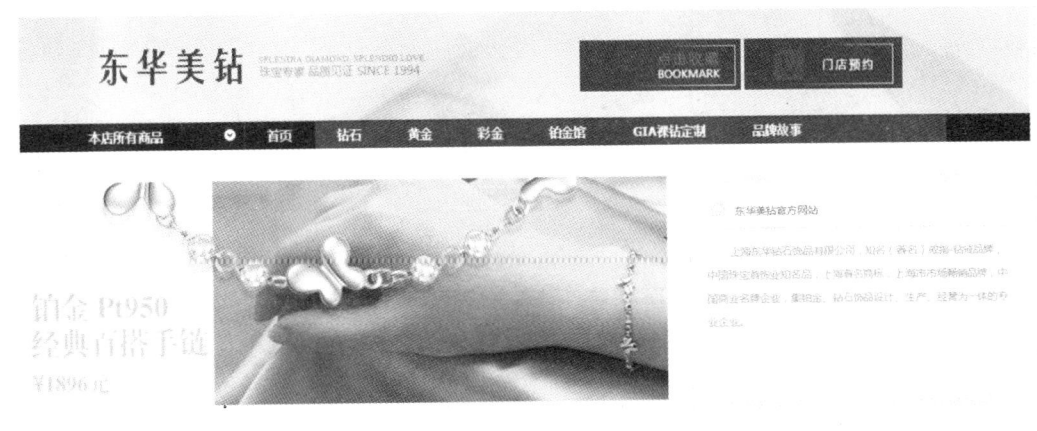

图3-4 "东华美钻"官网首页的店铺页头设计和海报设计

在设计海报时,要注意避免与主色调产生强烈对比。常规的促销主题有品牌性活动、季节性活动(如"双十一""双十二")、店庆及常规活动(如各类节日)等。

3.店铺产品区

店铺产品区一般包括产品分类、主推产品、热销产品、清仓产品等。在首页设计时需要考虑当下网店主推产品有哪些,这些产品的区别和定位、推介顺序、核心卖点,是否需要突出价格和折扣等。

在店铺产品分类上,需要考虑产品类别和数量、页面从上至下的摆放顺序、每个分类模块展示的产品数量、产品的主次区分、产品展示是用方格矩阵还是其他展示方式、单个产品是否需要突出展示价格等(图3-5)。

图3-5 "御金匠"的淘宝店首页产品类别示例

4.店铺页尾区

网店首页的店铺页尾区一般包括品质保障、退换货承诺、客服中心、购物包装、发货需知、物流方式、帮助中心等(图3-6)。

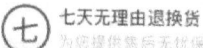 

图 3-6 天猫店铺页尾区示例

(二)常见的网店店铺介绍类型

在首页上,往往需要对店铺进行文字介绍,常见的店铺文字介绍类型如下。

1. 简洁型

简洁型指用最简单易懂的语言来描述店铺。可以用一句或一段话加上淘宝认证名片和联系方式的形式。例如:

⊙感谢您的光临,新店开张,诚信经营。

⊙欢迎光临本店,本店在这里郑重承诺,本店商品均为正品,请放心购买,假一罚十。

⊙本店诚信经营,以顾客的满意作为我们的宗旨。我们主要经营××产品,欢迎购买。

简洁风格的店铺介绍,简洁、明了,适用于新店。

2. 传统型

传统型网店介绍一般介绍网店由来、产品风格和产品优势等。例如:

本店创始于×年×月,主要提供×风格的宝贝,货真价实,欢迎选购。

传统型店铺介绍适合产品单一的店铺,特别是品牌类的,商家还可以利用店铺介绍,突出自己的品牌优势。

3. 促销型

促销型店铺介绍主要是将近期店铺中的各种推新活动、促销活动等发布到店铺介绍中。这样的介绍可以吸引不少的顾客,各种优惠也可以使顾客下决心购买。例如:

⊙×月×日,新品上市。

⊙××产品,厂区直销,全场五折起。

⊙跨年狂欢,全店宝贝一律×折,路过就不要错过。

⊙全店产品,满×包邮。

促销风格的信息型店铺介绍适用各种网店,尤其适合产品价格波动比较大,经常打折的网店,如果结合图片效果会更明显。

4. 情感型

真实的,就是感人的。在网店介绍中,店家的肺腑之言,往往会让顾客感动,如图3-7所示。

图3-7 "东华美钻"天猫旗舰店蔷薇花园系列首饰的文案

这类介绍适合经营了一段时间的网店。既卖产品,也卖故事。

5. 特色型

特色型店铺介绍一般是将本店铺的特色、优点最大程度地列出来。例如,店铺中的特色产品、服务优势、产品优势等。适用于有特色的网店,通过人无我有、人有我优、人优我特的独特性介绍,体现网店的特色,实现差异化竞争。

6. 文化型

这类店铺介绍通过诗歌、散文、历史故事等,营造网店的文化氛围,让顾客产生情感的共鸣。

7. 详细型

详细型店铺介绍在写的时候一定要注意排版。因为详细型的内容较多,如果随意排版没有重点介绍,很可能导致顾客没有兴趣继续浏览。

这类介绍在内容上尽可能地写明顾客可能想要了解的内容,例如如何在店铺购物、店铺的联系方式、售后服务等。

总之,要想写好网店介绍,首先要多看、多琢磨,别人为什么这么写;其次多思考,多写几个网店介绍,最后确定一个。

(三)店铺介绍的写作要求

1. 写清产品和特点

需写清主营的产品或服务以及店铺的特色。介绍文字应简洁、精炼,可加入适当的产品关键词。

2. 以目标顾客群为基础

店铺介绍内容要以目标顾客群为基础,量身定做,符合顾客的"口味"。文字不应与店铺离题,图片要根据行业和店铺的风格来定。

3. 有新意

店铺介绍要有新意,在排版和内容设计上要新颖,要有引起顾客兴趣的卖点展示,以激发顾客购买的欲望。在内容上还可以及时介绍店铺的新变化,如新品到货、产品结构调整、新店开业等。

4. 强化品牌形象

店铺介绍可以通过品牌 LOGO 和宣传语的使用,紧密联系品牌,强化品牌形象。

5. 促销信息

商家可以在店铺介绍中加入店铺的促销活动,比如满额包邮优惠、会员福利、赠品福利等,让顾客一进入店铺就能看到优惠信息。

三、完成任务

任务 1:首页推荐

请选择 1 种珠宝首饰,在网上搜索相关店铺首页介绍,并将您认为最好的网店首页介绍推荐给大家。

任务 2:网店首页介绍撰写

假设您是一家珠宝网店的文案人员,请为您的网店撰写首页介绍文字。

任务 测评

一、知识测评

（一）是非题

1. 珠宝网店文案是珠宝网络营销企业的基层工作岗位，主要工作为撰写网店介绍、宝贝描述、促销形式、售后服务等一切网店所需的宣传介绍文字。（　　）
2. 简洁风格的店铺介绍，简洁、明了，适用网店新店。（　　）
3. 很多传统型网店的介绍，会介绍网店由来、产品风格、产品优势等。（　　）
4. 促销型店铺介绍主要是将近期店铺中的推新活动、促销活动等发布到店铺介绍中。（　　）
5. 促销风格的信息，非常适合产品价格波动比较小、经常打折的网店使用。（　　）

（二）单选题

1. （　　）风格的介绍，适合经营了一段时间的网店，感人的，才会留下印象。
   A. 简单型　　　B. 特色型　　　C. 情感型　　　D. 文化型

2. （　　）一般是将自己店铺的特色、优点罗列出来写在店铺介绍上。例如，店铺中的特色产品、服务优势、产品优势等。
   A. 简单型　　　B. 特色型　　　C. 情感型　　　D. 文化型

3. （　　）通过人无我有、人有我优、人优我特的独特性介绍，体现网店的特色，实现差异化竞争。
   A. 简单型　　　B. 特色型　　　C. 情感型　　　D. 文化型

4. （　　）网店首页介绍通过诗歌、散文、历史故事等，营造网店的文化氛围，让顾客产生情感的共鸣。
   A. 简单型　　　B. 特色型　　　C. 情感型　　　D. 文化型

5. 店铺介绍的内容要以（　　）为基础，量身定做。
   A. 目标顾客群　　B. 大多数浏览者　　C. 店铺利益　　D. 淘宝规则

二、学习效果测评

1. 您是否了解珠宝网店首页的主要内容？（　　）
   A. 了解　　　B. 基本了解　　　C. 基本不了解　　　D. 完全不了解

2. 您是否了解网店店铺介绍的类型和写作要求？（　　）
   A. 了解　　　B. 基本了解　　　C. 基本不了解　　　D. 完全不了解

3. 对于本任务的学习，学习成果有哪些？不足有哪些？

知识运用

请在课后,运用所学知识,为自己所在网店进行网店文案撰写实践,并与大家分享,寻找优点和不足之处,并进行改进。

任务二 撰写珠宝类商品标题和描述性文案

任务内容

假设您是珠宝网店文案人员,请选择1件珠宝首饰商品,撰写商品标题和描述性文案。

撰写珠宝类商品标题和描述性文案PPT

任务目标与要求

1. 了解珠宝类商品标题撰写要求
2. 了解珠宝类商品描述性文案的内容和撰写注意事项

任务实施

一、课前准备

请选择1件珠宝首饰商品,在网络上搜索该商品销量最大的珠宝网店,在该珠宝网店中选择1件典型产品的宝贝描述页面。

> 请分析该宝贝的标题用了哪些关键词?描述页面分别从哪些角度来描述该商品的?

二、知识学习

在网店销售中,对具体商品的文案撰写主要包括标题和描述性文案两大内容。下面分别介绍这两部分的撰写要求。

(一)珠宝类商品标题的撰写

1. 网店标题的撰写要求

一个好的标题等于成功了一半。淘宝网规定,一个淘宝商品的标题不应超过30个字,60个字符。如果能有效利用这30个字,将能通过关键词提高商品在搜索者面前的展现次数,从而提高店铺流量。

不同关键词的权重不同。关键词权重表示一个关键词在一个网页内的重要程度。淘宝的搜索引擎会自动区分,哪些关键词是权重高的关键词。如果商品标题中的关键词权重高,则被搜索到的机会就大。选择商品关键词的方法主要有以下几种。

1)通过淘宝搜索框查看关键词

现在举例说明如何在淘宝搜索框查看关键词。

假设某珠宝店的主要产品是翡翠饰品,那么可以在淘宝搜索框输入"翡翠"二字,就会在搜索框下看到这些信息(图3-8)。

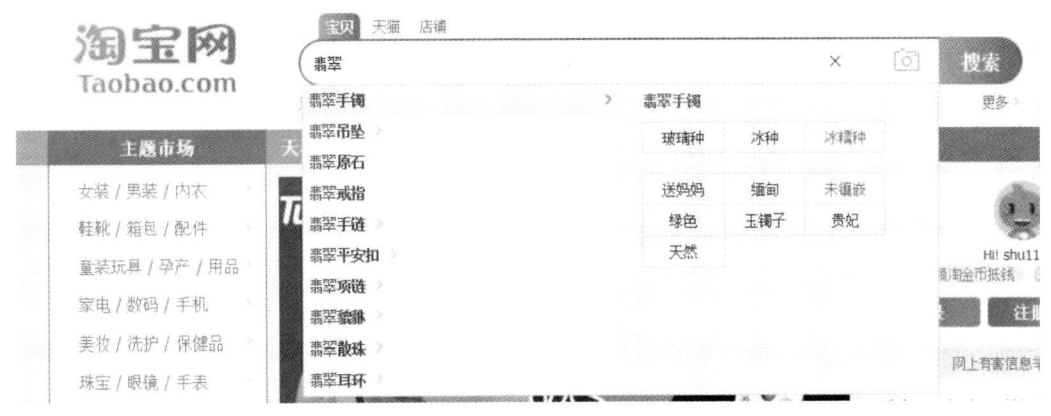

图3-8 在淘宝搜索框查看与"翡翠"有关的关键词示例

从图3-8可以看出,在"翡翠"的下拉词中,可以看到"翡翠手镯""翡翠吊坠""翡翠原石""翡翠戒指"等关键词,当鼠标点到"翡翠手镯"上时,则会在右边出现"玻璃种""冰种""冰糯种""送妈妈"等关键词。这些都是淘宝系统推荐的关键词,权重比较高。在选用时注意要按照淘宝搜索引擎中的格式,不要添加空格或改变格式。

2)通过淘宝其他工具查看关键词

另外,还可以通过淘宝其他工具查看关键词,如淘宝排行榜(http://top.etao.com)、淘宝直通车(http://zhitongche.taobao.com)、生意参谋(https://sycm.taobao.com)、阿里指数(https://alizs.taobao.com)等。

商家可以通过上述工具,把所有关键词汇总到一起,再筛选、融入到自己宝贝的标题中。

3)关键词的排列原则

(1)空格原则。淘宝搜索引擎对空格有加权原则,即淘宝搜索引擎会给空格前面的词加权重。如关键词"××绿翡翠××"和"×绿 翡翠××",在其他条件相同的情况下,加空格的比没有加空格的权重高,所以主推关键词后一定要加空格。

(2)杠杆原理。淘宝搜索引擎的杠杆原理,也称前后原理,指标题最前面和最后面的词权重最高。搜索引擎是从前后向中间抓取,所以好词最好写在标题的前面或者后面。如"玻璃种",写在中间就没有写在前面或者后面权重高。

2. 淘宝网珠宝类商品标题发布规范

在淘宝网《珠宝饰品发布规则》中,规定珠宝类商品标题发布规范为:

(1)贵金属首饰商品标题:品牌名+纯度+材料+宝石名称+饰品名称。如周小宝18K金红宝石戒指,周小宝Pt900钻石戒指。

(2)非镶嵌珠宝玉石饰品标题:品牌名+珠宝玉石名称+饰品名称。如周小宝翡翠手镯。

(3)由多种珠宝玉石组成的饰品标题:品牌名+材料(逐一命名各种材料)+饰品名称。如周小宝碧玺石榴石水晶手链。

(4)贵金属镶嵌的珠宝玉石饰品标题:品牌名+贵金属名称+珠宝玉石名称+饰品名称。在这里贵金属名称依据《首饰贵金属纯度的规定及命名方法》(GB 11887—2012)的规定进行材料名称和纯度的定名。

(5)贵金属覆盖层材料镶嵌的珠宝玉石饰品标题:品牌名+贵金属覆盖层材料名称+珠宝玉石名称+饰品名称。在这里贵金属覆盖层材料名称按照《贵金属覆盖层饰品》(QB/T 2997—2008)的规定命名。

(6)其他金属材料镶嵌的珠宝玉石饰品标题:品牌名+金属材料名称+珠宝玉石名称+饰品名称。

3. 常见错误案例分析

根据淘宝网和天猫网《珠宝饰品行业标准》,在珠宝类商品的标题撰写中,不得乱用名人关键字、乱用热门关键字、发布广告信息、乱用品牌关键字等。具体错误案例分析如图3-9所示。

(二)珠宝类商品描述性文案的撰写

在网店销售中,商品的描述性文案是指为了让商品更好卖,更有效地把商品价值呈

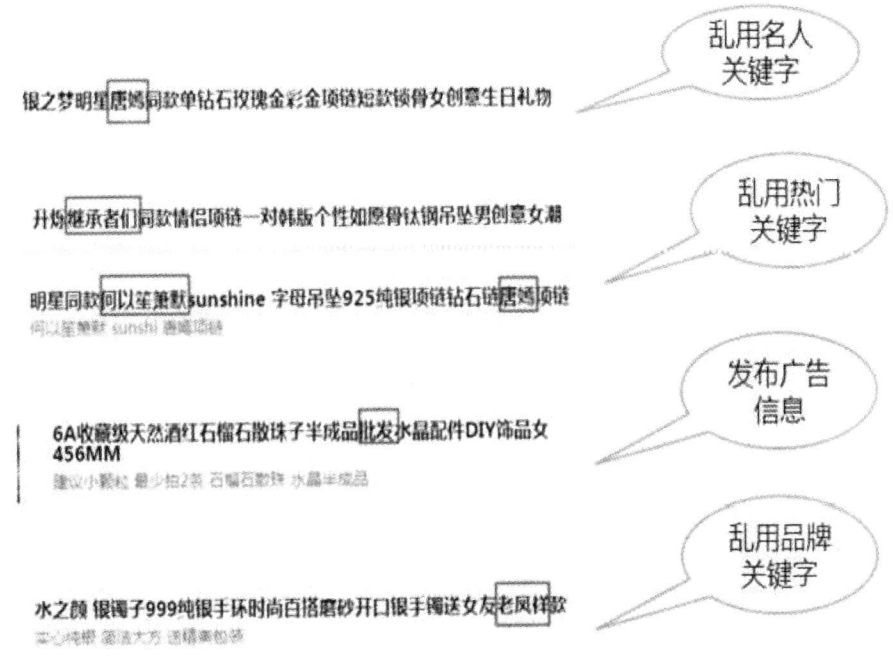

图 3-9 珠宝首饰错误标题案例分析

现给顾客,而用文字进行的产品设计。

网店文案人员在撰写文案前,首先要换位思考,站在顾客的角度思考他们的消费动机、消费需求等。

顾客在购买珠宝首饰时,主要的动机有求美、求新、求名、求自我形象设计、求情感满足、求保值储备、求馈赠、祈福(求平安)等。并会通过产品的外形、规格、品质、品牌、细节等判断是否适合自己的消费需求。网店商品描述性文案需要根据珠宝首饰的特点,给顾客所有想要的信息,以赢得顾客深入浏览的时间,使其对网店的珠宝产品产生信任。因此,珠宝网店商品描述性文案撰写需要根据宝贝描述页进行规划。

在珠宝首饰商品描述性文案撰写规划中,一般需要考虑如下因素。

1. 产品基本信息

产品基本信息包括产品参数,撰写时需如实描述清楚上市时间、是否商场同款、货号、品牌名称、材质、成色、规格(尺寸、重量等)、图案、款式、价格类型等。产品基本信息及其参数的展现方式及排版最好统一化,方便顾客浏览,如图 3-10 所示。

产品参数：

上市时间: 2016年秋季	主钻分数（最低）: 10分	优化处理方式: 无处理
是否商场同款: 是	鉴定标识: 无鉴定证书	副钻分数: 10分(含)-29分(含)
款式: 情侣对	形状: 圆形	钻石净度: 20分以下不分级
颜色: H/白	钻石切工: VG/很好	规格: 6.28g 20# 5.89g 15# 男 3.84g 1...
售后服务: 店铺保修	镶嵌方式: 单钻	镶嵌材质: PT950铂金
货号: k-kmb17830a	品牌: 东华美钻	用途: 自用

图 3-10 "东华美钻"天猫旗舰店某款钻戒的产品参数示例

2. 促销信息

促销信息指网店当下的促销信息，如年终促销、工费折扣、买就送、限时特卖、聚划算、提前购等，促销信息一般放在产品参数下面的第一屏，醒目、清晰，吸引顾客继续浏览。

3. 热销款推荐

热销款推荐指网店当下需主推的热销款。在商品的描述性文案中加入热销款，有利于增加热销款在顾客面前出现的机会，从而提高销量。

4. 产品卖点

产品卖点即产品的优点和特色，一般需图文并茂，包括款式描述、工艺展示、细节描述等。在进行产品描述时，可以描述款式的特点，突出展示款式的美、新、独特、个性、时尚等，并通过设计灵感、流行趋势、精湛工艺展示、产品的高端性、产品的稀缺性、个性化、细节呈现、多角度展示、保值增值功能描述等，满足顾客对珠宝的消费心理(图 3-11)。

图 3-11 "钻石小鸟"天猫旗舰店对钻石稀有性卖点的文案示例

5. 佩戴效果

在商品描述性文案中可以有明星、名人的佩戴效果展示,也可以是模特多角度佩戴效果,还可以是顾客秀、买家秀等。通过这些展示,顾客可以想象自己佩戴后的效果,从而进一步产生购买的欲望。

6. 情感故事

在商品描述性文案中可根据产品特点演绎情感故事,如爱情、亲情、友情,也可展示产品的寓意、祈福功能(如求平安),从而提示顾客或引起顾客的情感共鸣而激发顾客的购买欲望。

7. 品牌历史

在商品描述性文案中品牌历史可以展示企业文化、品牌发展历程、工厂、实体店等,增强商品及品牌信誉度。

8. 关联产品推荐

在商品描述性文案中加入关联产品、相似产品等,如在吊坠的文案中可以链接项链或配套的戒指,引发顾客进一步的点击、浏览,促进销售。

9. 承诺与保障

网店的承诺与保障可通过分享顾客评价、试戴效果、淘分享、质检证书(如证书出具单位名称、级别、认证标志)、正品发票信息、零风险承诺、Q&A 等进行;还可以选用第三方报道(如新闻报道、杂志等)、淘宝保障(如 7 天无理由退换、商城正品等)、专柜验货等来提升顾客对网店消费的信任度。

10. 鉴定、测量与保养方法

顾客一般对珠宝首饰的真伪比较关心,可以在文案中附上关于材质的专业知识(如真伪检验方法)使顾客信服。另外,在文案中还需要展示测量方法、保养方法等,消除顾客的后顾之忧。

11. 配件说明

对配绳、搭扣、挂链等配件附上规格、使用方法等的文字说明,便于顾客全面了解产品。

12. 包装效果

精美的首饰盒、气派的外包装袋的文字说明,使顾客觉得该店产品送礼、自用都很体面(图 3-12)。

13. 配送方式

对安全的物流包装盒、快速稳妥的物流方式等进行说明,使顾客能放心购买(图 3-13)。

图 3-12 "佐卡伊"天猫旗舰店包装示例

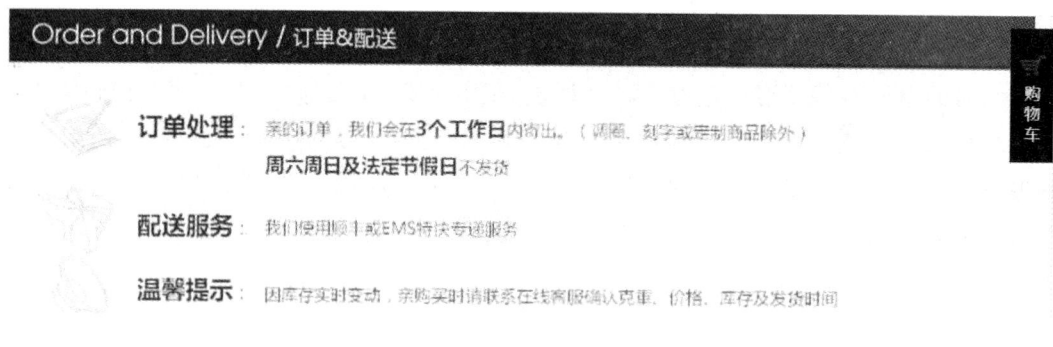

图 3-13 某珠宝网店配送信息示例

14. 售后服务说明

对关于色差、关于宝玉石内外部特征(瑕疵)、发货时间、退换货规定等进行说明,以避免产生交易纠纷(图 3-14)。

15. 正品发票信息等

可展示发票示例,使顾客放心消费。

以上珠宝商品描述性文案撰写示例供珠宝网店参考,各珠宝网店还需根据本店的具体情况进行文案设计和规划。

(三)产品描述性文案撰写注意事项

在撰写描述性文案时,还有一些地方需要注意,具体如下。

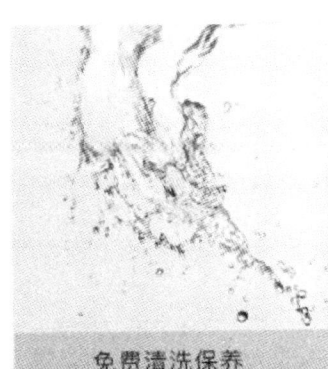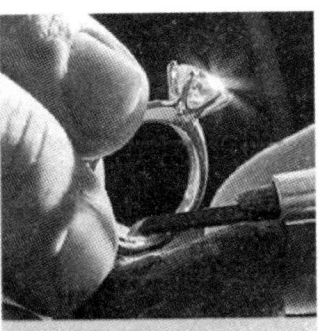

图 3-14 "佐卡伊"天猫旗舰店售后服务示例

1. 主题突出

整个文案要发掘出产品的最大卖点,强化商品 USP(Unique Selling Point,独特销售卖点),使这个卖点能给顾客留下深刻印象,让顾客一想到这个卖点,就会想到该网店。

2. 风格统一

整个宝贝描述性页面前后要统一,并与网店定位、品牌风格统一,不能出现页面凌乱、风格不断变化等情况。

3. 注重 SEO 友好性

SEO 由英文 Search Engine Optimization 缩写而来,中文译为"搜索引擎优化"。在撰写商品文案时,要注意同时考虑到目标顾客群体和搜索引擎。因此,商品描述中,出现的商品名称要完整,需要包含品牌、中文、英文、规格、品质等关键词,这样可以方便搜索引擎读取。完整商品名至少得出现 2~3 次。

4. 图片不能太大

网店工作人员要注意页面打开时间。通常,顾客浏览网页的等待时间不能超过 6 秒,如果 6 秒内,网店的宝贝页面还没有打开,顾客很可能就会直接关闭网页。所以要求宝贝描述的图片不能太大,工作人员应尽可能地把大图转化为小图后,再上传。

5. 及时修改文案

商品的描述性文案写好后,不是一劳永逸的,商品销售之前、全新上市时、热销时、销量衰退时、清仓时的文案都要不同。需要根据季节、销售数据等及时修改,以使文案适应当前的网店销售需要。

6.商品如实描述

商品如实描述是加入消费者保障服务的必选项。卖家做出的与商品本身有关的信息描述需属实,卖家对此负有证明责任。另外,卖家有义务对商品本身存在的瑕疵承担责任,除非卖家已事先进行了瑕疵描述。所以,网店工作人员在进行商品文案描述时不能随心所欲,夸张描述,甚至编造虚假信息。

三、完成任务

任务1:撰写珠宝类商品标题

> 请选择1种珠宝首饰商品,根据本任务所学方法,搜索、整理、筛选与该商品有关的关键词,并撰写该商品关键词。

任务2:对比分析总结

请选择1种珠宝首饰,以所选择的珠宝首饰品种为主题,至少浏览3家相关珠宝网店,在每家珠宝网店中选择1件典型产品的宝贝描述页面,对比、分析、总结该页面中对宝贝的描述性文案特点,完成表3-1。

表3-1 珠宝商品描述性文案撰写总结

请勾选1种珠宝:□金饰 □银饰 □铂金 □钻饰 □翡翠 □软玉 □水晶 □彩色宝石 □珍珠 □珊瑚 □琥珀 □流行饰品 □其他_____

序号	文案项目	请对比不同网店对该品种首饰的文案描述特点,进行总结
1	产品基本信息(产品参数)	
2	促销信息	
3	产品卖点(优点和特色)	
6	佩戴效果	
7	情感故事	
8	品牌历史	
9	关联产品推荐	
10	承诺与保障	
11	专业知识、测量与保养方法	
12	配件说明	
13	包装效果和配送方式	
14	顾客须知	
15	其他	

任务3：珠宝商品描述性文案撰写

请选择1件珠宝商品，根据您总结的该品种文案撰写特点，进行文案撰写设计，并撰写一份珠宝商品描述性文案，完成表3-2。

表3-2 珠宝商品描述性文案撰写

宝贝名称：_____ 撰写时间：_____ 交稿时间：_____

序号	项目	文案具体内容
1	产品基本信息（产品参数）	
2	促销信息	
3	产品卖点（优点和特色）	
6	佩戴效果	
7	情感故事	
8	品牌历史	
9	关联产品推荐	
10	承诺与保障	
11	专业知识、测量与保养方法	
12	配件说明	
13	包装效果和配送方式	
14	顾客须知	
15	其他	

任务 测评

一、知识测评

（一）是非题

1. 顾客在购买珠宝首饰时，主要的动机有求美、求新、求名、求自我形象设计、求情感满足、求保值储备、求馈赠、祈福（如求平安）等。　　　　　　　　　　　　（　　）

2. 顾客在购买珠宝首饰时，会通过产品的外形、规格、品质、品牌、细节等判断是否适合自己的消费需求。　　　　　　　　　　　　　　　　　　　　　　　　　（　　）

3. SEO是Search Engine Optimization的缩写，中文译为"搜索引擎改善"。（　　）

4. 网店珠宝商品文案撰写需要根据宝贝描述页的规划，进行产品基本信息、促销信息、热销款推荐、产品卖点、款式描述、工艺展示、细节描述、佩戴效果、情感故事、品牌历史、关联产品推荐、承诺与保障、测量与保养方法、配件说明、包装效果、配送方式、正品发票信息等的文字撰写。   (   )

5.在珠宝产品描述中,产品基本信息(产品参数)指需如实描述清楚上市时间、是否商场同款、货号、品牌名称、材质、成色、规格(尺寸、重量等)、图案、款式、价格类型等。

(   )

(二)单选题

1.在珠宝产品描述中,(   )指年终促销、工费折扣、买就送、限时特卖、聚划算、提前购等,一般放在产品参数下面的第一屏,醒目、清晰,吸引顾客继续浏览。

A.促销信息　　　B.产品卖点　　　C.佩戴效果　　　D.关联产品推荐

2.在珠宝产品描述中,(   )需图文并茂,如款式描述(款式的特点,突出展示款式的美、新、独特、个性、时尚等)、设计灵感、流行趋势、精湛工艺展示、产品的高端性、产品的稀缺性、个性化、细节呈现、多角度展示、保值增值功能描述等,以满足顾客对珠宝的消费心理。

A.促销信息　　　B.产品卖点　　　C.佩戴效果　　　D.关联产品推荐

3.在珠宝产品描述中,(   )指明星、名人佩戴效果,模特多角度佩戴效果,顾客秀等。

A.促销信息　　　B.产品卖点　　　C.佩戴效果　　　D.关联产品推荐

4.在珠宝产品描述中,(   )指关联产品、相似产品等,引发顾客进一步的点击、浏览。

A.促销信息　　　B.产品卖点　　　C.佩戴效果　　　D.关联产品推荐

5.情感故事,即可根据(   )演绎情感故事,如爱情、亲情、友情,也可展示产品的寓意、祈福功能(如求平安)等。

A.淘宝规则　　　B.产品特点　　　C.销售额　　　D.关联产品

二、学习效果测评

1.您是否能够通过收集资料,对比分析不同珠宝首饰文案撰写的特点和技巧?

(   )

A.能够　　B.基本能够　　C.基本不能　　D.完全不能

2.您是否能够为不同材质珠宝首饰撰写描述性文案?   (   )

A.能够　　B.基本能够　　C.基本不能　　D.完全不能

3.对于本任务的学习,学习成果有哪些?不足有哪些?

项目三 撰写珠宝网络营销文案

知识运用

请在课后,运用所学知识,为自己所在网店进行网店文案工作,并将你的商品文案介绍文字与大家分享,寻找优点和不足之处,并对不足之处进行改进。

任务三 撰写珠宝网络营销促销文案

任务内容

撰写珠宝网络营销
促销文案PPT

假设您是珠宝网店文案人员,请为您的网店撰写促销文案。

任务目录与要求

1. 了解促销文案的概念、构成要素和组成
2. 通过收集资料,对比分析不同珠宝网店店铺促销文案撰写的特点和技巧
3. 通过撰写文案训练,能为珠宝网店撰写促销文案

任务实施

一、课前准备

请选择1种珠宝首饰商品,在网络上搜索该商品销量较大的珠宝网店,对比分析这些网店促销文案的特点。

请分析这些网店的促销文案是如何撰写的?分别有哪些特点?

二、知识学习

(一)促销文案的概念

促销文案是企业在进行产品或服务的销售之前,为使销售达到预期目标而进行的

各种促销活动的整体性、策划性文字。促销文案在撰写前,必须对市场进行分析和预测,对促销活动的目标、创意、产品、细节等要明确。

在网店经营上,网络营销文案是网络营销实施的具体表现形式。好的促销文案可以使产品销售页面具有更大的说服力,从而促进销售。

（二）促销文案的构成要素

一篇促销文案包含了以下5个要素:促销对象、促销内容、促销形式、促销位置、促销时段。

1. 促销对象

促销对象是指促销的目标客户群体,网店在促销前要分清网店的对象是哪些顾客群体,要分析该群体的特点、利益点和特殊需求。文案写作不仅要深入了解自己的产品,更要研究顾客的心理,以文字为工具充分说服潜在顾客。

2. 促销内容

促销内容是促销活动的主体部分,撰写时商家把要表达的信息准确地描述出来,使顾客能清晰地体会到商家的促销意愿,不会产生误解。

3. 促销形式

促销形式是指如何推广,用何种形式将促销信息有效地传达给目标顾客,让其在潜移默化中接受引导。

4. 促销位置

促销位置是指选择在哪种载体、哪个页面、哪个栏目上投放广告。在网络营销中,不同的促销载体、页面、栏目都有各自的定位和优势,需要分析目标顾客使用媒体的习惯。

5. 促销时段

尽管网络促销是一个长期的过程,但是在选择促销文案的投放时段上,有一定的技巧性。需要根据网络促销效果的大数据和促销的具体目标进行选择。

（三）促销文案的组成

促销文案由标题、切入点和内容三部分组成,好的标题可以吸引顾客阅读内容,起到画龙点睛的效果。

1. 促销文案的标题类型

常见的促销文案标题类型有以下几类。

(1)宣事式:即如实的将促销要点简要地描述,使人一目了然。

(2)紧贴热点式:即将题目紧贴新闻和热点,吸引大家注意力,而且在大家搜索热点时,更易被人们浏览到。

(3)数字式:即在标题中使用数字,达到醒目的效果(图3-15)。

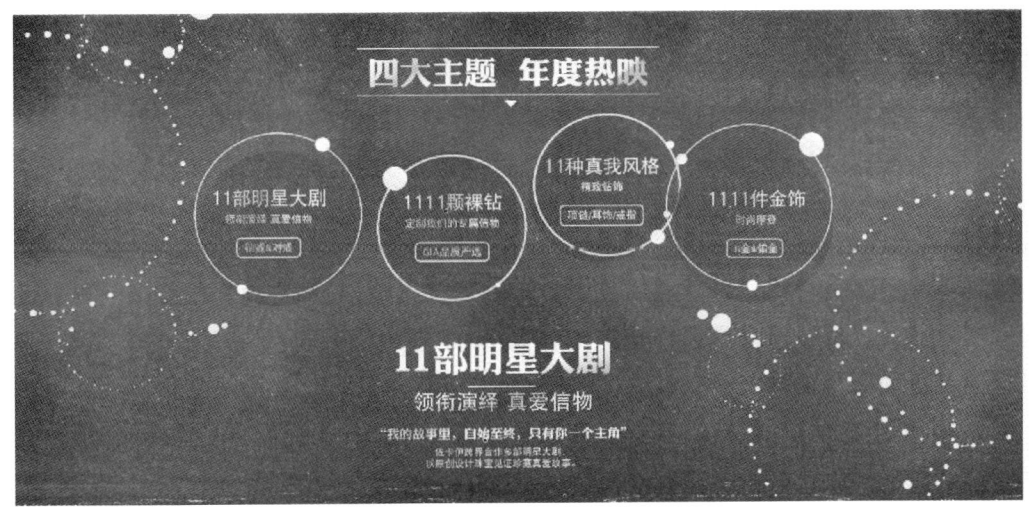

图3-15 "佐卡伊"天猫旗舰店数字式文案标题示例

(4)提问式:即用疑问句或反问句作题目,引起受众的兴趣和好奇。

(5)人称式:即在标题和文章中出现"我""我们""你""您""你们"等第一人称和第二人称,增加顾客的亲切感。

(6)导师式:即以牛人、大咖、专家的口吻来写标题。

(7)揭秘式:即在标题中使用"秘密""真相""解密"等词汇,吸引浏览者注意力。

(8)感情渲染式:即用"动之以情、晓之以理"的形式来写标题。

(9)恐吓式:即在标题中将危害、损失等负面的因素写出,从而引起人们的注意。

(10)对比式:即在标题中通过对比显示自己的优越性。

(11)新闻式:即以新闻稿的形式来写促销文案的标题及内容。

(12)诉求式:即直接在标题中描述顾客的诉求,引起共鸣,吸引人们阅读。

(13)颂扬式:即在标题中对产品或企业进行颂扬。

(14)号召式:即在标题中使用号召式的文字,激起人们的情绪。

2. 文案的切入点

一个好的促销文案切入点可以直击客户的心底,吸引客户的注意力。促销文案常见的切入点有:消费者的关心点、产品的差异点、新闻和社会的热点、客户需求的痛点、客户情感的诉求点等。

一个优秀的文案工作人员应时刻关注社会和民生的热点、新闻,关注时尚趋势和流行语,深入生活,这样才能抓住现代客户的情感诉求,使文案达到效果。

3. 文案内容

在撰写内容时,要注意以下几点。

(1)事先要有规划,这样写出的文案不至于偏题。

(2)相信自己的产品或服务,对自己的产品或服务充满热情。

(3)充分分析产品特点,从中总结出顾客可能关心的卖点。

(4)用词要简洁、生动,不要拖泥带水、长篇大论,尽量使用正面、积极的词汇,避免负面的词汇。

(5)格式要清晰简洁,句子尽量不要太长,尽可能使用短句。

(6)要考虑可信度,切忌随心所欲、过分夸大,甚至编造事实、捏造数据。

(7)选好关键词,可尽量选择热度比较高的词作为关键词,关键词要符合语法结构,可以对关键词适当修饰(加粗、斜体、更换颜色、字体等)。

(8)可以考虑与读者进行积极的、及时的互动,提高读者的参与度,使读者加深对该品牌和产品的印象。

(9)文字要符合读者的阅读习惯,不要随心所欲进行文字的堆砌,否则可能引起读者的反感。

(10)在内容上要从顾客的利益出发,多分析购买该商品顾客能得到什么好处。

(11)呼吁行动。在文章的结尾处明确提醒顾客采取行动,如"点击这里""立即下单"等,让顾客沿给定的路线进行下去。

三、完成任务

任务1:珠宝产品卖点总结

请分析各网络热销珠宝产品的卖点和好的商家案例,完成下面的表格。

序号	珠宝材质	卖点总结	运用的案例	备注
1	金饰			
2	银饰			
3	铂金			
4	钻石			
5	红宝石			
6	蓝宝石			
7	祖母绿			
8	金绿宝石			
9	碧玺			
10	石榴石			
11	水晶			

续表

序号	珠宝材质	卖点总结	运用的案例	备注
12	橄榄石			
13	托帕石			
14	锆石			
15	尖晶石			
16	坦桑石			
17	翡翠			
18	软玉			
19	欧泊			
20	玛瑙(玉髓)			
21	蛇纹石玉			
22	独山玉			
23	绿松石			
24	青金石			
25	孔雀石			
26	珍珠			
27	珊瑚			
28	琥珀			
29	其他宝玉石			
30	……			

任务2:撰写珠宝网店促销文案

请选择1件珠宝产品,分析当下社会热点,寻找合适的切入点,撰写一份珠宝促销文案。

任务测评

一、知识测评

(一) 是非题

1. 促销文案是企业在进行产品或服务的销售之前,为使销售达到预期目标而进行的各种促销活动的整体性策划性图片。（　　）

2. 促销文案在撰写前,必须对市场进行分析和预测,对促销活动的目标、创意、产品、细节等要明确。（　　）

3. 选好关键词,可尽量选择热度比较高的词作为关键词,关键词要符合语法结构,可以对关键词适当修饰(加粗、斜体、更换颜色、字体等)。（　　）

4. 一篇促销文案包含了以下4个要素:促销对象、促销形式、促销位置、促销费用。（　　）

5. 一个好的促销文案切入点可以直击客户的心底,一下子吸引客户的注意力。（　　）

(二) 单选题

1. 在网店促销中,(　　)指在促销前要分清网店的对象是哪些特点的顾客群体,要分析该群体的利益点和特殊需求。

　A. 促销对象　　　B. 促销内容　　　C. 促销位置　　　D. 促销时段

2. 在网店促销中,(　　)是指就是商家把要表达的信息准确地描述出来,使顾客能清晰地体会到商家的促销意愿,不会产生误解。

　A. 促销对象　　　B. 促销内容　　　C. 促销位置　　　D. 促销时段

3. 在网店促销中,(　　)是指选择在哪种载体、哪个页面、哪个栏目上投放广告。

　A. 促销对象　　　B. 促销内容　　　C. 促销位置　　　D. 促销时段

4. 促销文案由标题、(　　)和内容三部分组成,好的标题可以吸引顾客阅读内容,起到画龙点睛的效果。

　A. 主题　　　　　B. 热点　　　　　C. 图片　　　　　D. 切入点

5. 在网络营销中,不同的促销载体、页面、栏目都有各自的定位和优势,需要分析目标顾客使用(　　)的习惯。

　A. 主题　　　　　B. 视频　　　　　C. 媒体　　　　　D. 图片

二、学习效果测评

1. 您是否了解促销文集的概念、构成要素和组成?（　　）

　A. 了解　　　B. 基本了解　　　C. 基本不了解　　　D. 完全不了解

2. 您是否能够收集资料,对比分析不同珠宝网店店铺促销文案撰写的特点和技巧?

（　　）

A. 能够　　　B. 基本能够　　　C. 基本不能　　　D. 完全不能

3.您是否能够为珠宝网店撰写促销文案？　　　　　　　　　　　　（　　）

A. 能够　　　B. 基本能够　　　C. 基本不能　　　D. 完全不能

4.对于本任务的学习,学习成果有哪些？不足有哪些？

_____

_____

知识运用

请在课后,运用所学知识,为自己所在网店撰写促销文案,并将你的网店促销文案与大家分享,寻找优点和不足之处,并对不足之处进行改进。

任务四　撰写珠宝营销软文

任务内容

假设您是某珠宝公司的文案,请为该公司撰写一篇营销软文。

任务目标与要求

1. 掌握软文广告的定义
2. 了解软文撰写的重要性
3. 掌握软文的4个不同层次
4. 撰写一篇优秀的软文

任务实施

一、课前准备

> 请思考什么是软文？软文和广告有什么不一样？

二、知识学习

某营销大师说:"拒绝,是顾客的天性。"他们打开网页的第一件事是关掉弹窗广告;他们买各种视频网站 VIP 账号只为跳过前 60 秒贴片广告。因此不论是接触到传单硬广告还是网络推广,受众在第一瞬间的本能反应还是抵触和拒绝。

传统的硬广告推送渐渐失去了优势,但软广告的影响力却渐渐凸显:从受众被动抵触变成受众主动观看,转推力为拉力。准确地说:软文广告推广是目前最好的广告方式。

(一)软文广告的定义

软文广告的定义有两种,一种是狭义的,另一种是广义的。

狭义的定义指企业在报纸或杂志等宣传载体上刊登的纯文字性的广告。这种定义是早期的一种定义,也就是所谓的付费文字广告。

广义的定义指企业通过策划在报纸、杂志或网络等宣传载体上刊登的可以提升企业品牌形象和知名度,或可以促进企业销售的一些宣传性、阐释性文章,包括特定的新闻报道、深度文章、付费短文广告、案例分析等。

简单来说,软文广告和硬文广告是相对的,非直白的广告表达方式都可以称为软文广告。

(二)软文撰写的重要性

从软文广告的定义来看,软文广告最大的特点在于:它不是直白的广告诉说。

软文之所以越来越受到企业的青睐,一是因为受众对信息的敏感度越来越高,使得传统硬广告的效果越来越差;二是因为在广告效果下降的同时,广告费用却不断上涨,企业不得不尝试其他性价比更高的营销手段。由于软文在不影响用户体验的基础上还能够达到既定的广告效果,自然备受推崇。软文广告的重要性如图 3-16 所示。

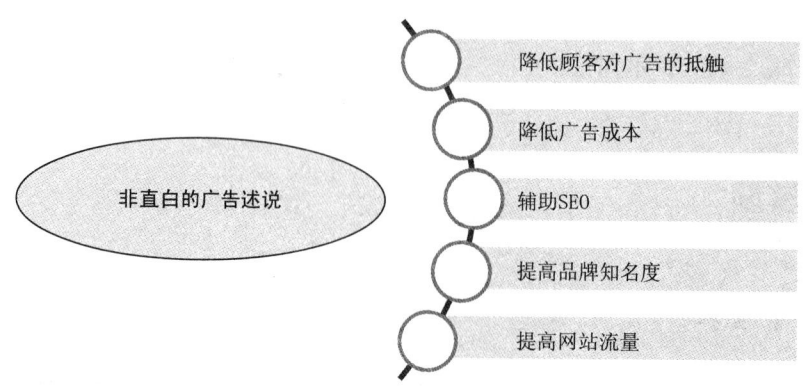

图 3-16 软文广告的重要性

如何写出让受众喜欢的、又能悄无声息地宣传产品的软文呢？让我们来看看《不要蓝瘦、不要香菇，让〈如果蜗牛有爱情〉来温暖你的心》和《女王范》这两篇软文。

在"佐卡伊"官方网站曾刊登了一篇《不要蓝瘦、不要香菇，让〈如果蜗牛有爱情〉来温暖你的心》的文章。在文章中作者既通过小视频的方式发布了电视剧《如果蜗牛有爱情》的剧情，又插入了几张漫画，栩栩如生地刻画了剧中男、女主人公的形象，并且再三强调了电视剧的首播时间。文章前五分之四的篇幅，基本都在宣传该电视剧。然而接下来峰回路转，作者在文章的最后这样写到："偷偷告诉你，听说剧中还有神秘珠宝品牌全程现身"。

行文至此，读者恍然大悟，这是一篇"佐卡伊"珠宝的广告，但不经意间也受到了"佐卡伊"珠宝公司的"珠宝为时光与心灵镌刻，它不仅美，它更有故事。我们为此努力！"的理念。

另一篇《女王范》软文，文章开头由叙述名画《拿破仑一世加冕大典》而引到拿破仑的皇后头上皇冠的来历：拿破仑为取悦心中女神，命令皇家工匠尼铎特制珠宝。而这正是CHAUMET（尚美巴黎）珠宝品牌的来历。

两篇文章并没有开门见山长篇累牍地叙述品牌信息，而只在文章最后用十分之一的篇幅真正提到了品牌信息。

"软文"之所以"软"，其精妙之处就在于不会大篇幅明显地提到产品信息。前面大量的篇幅乍看之下似顾左右而言他，但其实却是在费尽心思地在不知不觉中说服受众。

试想，若是开篇就提到这是"佐卡伊"珠宝的广告，受众还会有心情往下读吗？

(三) 软文的4个不同层次

软文营销，是目前最常见、最有效的营销手段，在互联网没有普及之前就普遍存在。互联网普及后，这种营销模式更是成为了企业营销的必备手段。

虽然这种营销方式已经存在，但是，很多企业和营销人仍不知道如何有效利用这一方法。

广义的软文经常被划分为4个层次（图3-17）。

1. 第一个层次，称为"负级别"

层次最差，即那种通篇下来全是自身产品的信息，吹嘘产品多好、企业多厉害、有多少创新等内容。这样的软文，是20世纪90年代思维的软文，放到现在，不仅没有效果，反而会起到副作用，会让读者对推广的产品产生极大反感。

2. 第二层次，称为"及格级别"

及格级别的软文，比第一个级别软文稍微高级一些，就是产品描述文章。这种软文把自己的产品从头到脚全部描述一遍，并不忘和对手做对比，但是比较客观，也不吹嘘，实打实地描述。这种文章能被普通消费者一眼就能看出是企业自己写的。

这类软文应该叫产品说明，放到自家的网站上，绝对是优秀的产品说明文章，可是

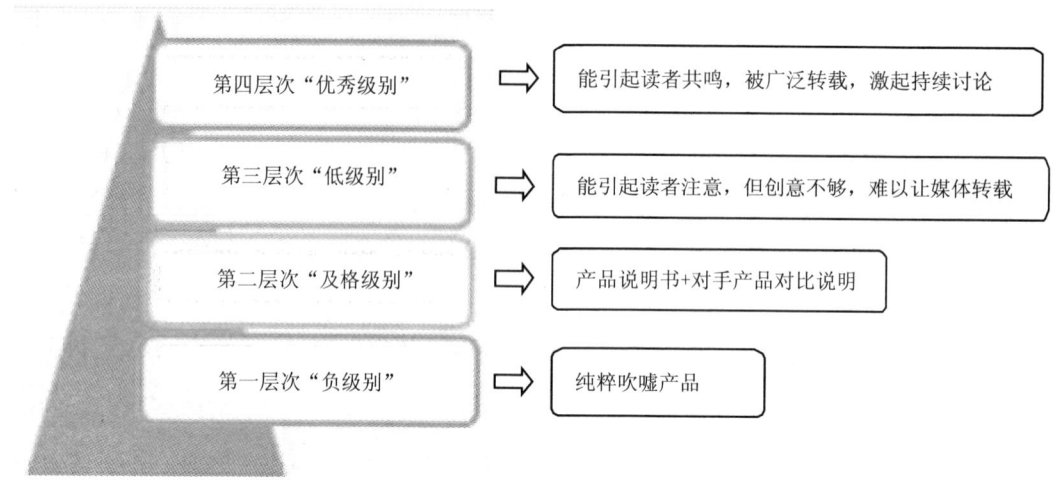

图 3-17 软文的 4 个层次

放到第三方媒体上,这种文章就有问题了。因为,在早期"负级别"广告的影响下,消费者产生了一定的负面因素,即只要感觉是企业自己发布的文章,都会有潜意识里的不信任,哪怕你写的都是真实的。

这类软文在所有软文中的比例最大,虽还不至于引起读者的反感,但也不会有太好的传播效果。

3. 第三个层次,称为"低级别"

低级别的软文,对读者有一定的阅读价值,能激起部分读者的兴趣,让读者信任,但是无法激起媒体们的兴趣,不会对这类文章二次转载。这类软文已经起到作用了,但作用有限。

这类软文在写作上采用第三方(记者、编辑)的角度,也了解读者以及自己潜在用户的兴趣点在哪里,并能在文章中展现出来,但是在主题选择上不够有创意,还不能吸引大众人群。因此,没有媒体会转载,起不到四两拨千斤的效果。

4. 第四个层次,称为"优秀级别"

对读者来说,优秀的软文不仅有阅读价值,还有娱乐价值、情感价值,能激起读者的情感,并激发他们的互动欲望(评论、转载到社交平台);也能激起其他媒体的兴趣并广泛转载,并在社会上激起持续的讨论。这类软文才是真正意义上的软文,可起到事半功倍的营销效果。

(四)撰写一篇优秀的软文

做网络营销,学会写软文很重要。不同的企业,背景和需求各不相同,使得软文的表现形式多种多样。但是万变不离其宗,不管如何变化,总有规律可循。

1. 软文素材的来源

每个行业软文素材来源不同,但却有可以共同借鉴的经验。

(1)抓住珠宝行业热点问题和时事。例如,某知名珠宝品牌公司量身打造"I Do 明星专属婚戒定制"活动,将明星们的真爱故事与品牌设计师的艺术相融合,打造出世界上蕴含独一无二情感的专属婚戒。从2013年至今,这个品牌已经完成了包括影视界、音乐界、体育界、时尚界、主持界等众多明星的结婚对戒及纪念日婚戒的定制与传播。此项营销策略确立了该品牌在国内珠宝行业的领先地位。

(2)珠宝企业自身的动态与发展。例如,珠宝企业与××大学开展产学研合作,取得了一定的成果等,这类企业自身发展的动态,本身就具有一定的吸引力。

(3)写自己的亲身经历。比如,通过自己的创业经历可以写有关创业的文章,《创业两年,我看透了人情人性》《关于创业,珠宝,博客经营,生活感悟》等。如果是做微商的,那么就可以写你是如何找产品,如何做营销引流,又是如何转化的。

(4)根据同行业的文章进行思维扩展。比如,关注行业圈子里做得好的人,订阅他们的公众号,收藏他们的博客,当思路枯竭的时候,翻看他们写过的文章,可以据理扩展,打破自己的思维。

2. 如何撰写一篇优秀的软文

(1)选择好的标题。如果说一篇成功的文章,内容占据50%的成功要素,那么文章标题就占了另外的50%。如何取得好的标题至关重要,不建议在标题中把文章主题描述得太清楚,如果该文章内容本身就是热门话题倒无妨,否则别人看了一眼标题大概就一目了然,便没有太多的欲望去阅读文章了。

选取好的标题,可以找到一篇文章中读者可能会感兴趣的点,并将这个点明确亮出来,适度修饰和夸张化。

(2)由浅入深,提高受众卷入度。在塑造品牌时,需同时利用边缘线索和说理来提高受众卷入度。在理性和感性兼用的说服过程中,受众的卷入度会越来越高。如果把受众阅读软文过程中的卷入度画成曲线(图3-18),那么品牌硬广告信息应在受众卷入度的峰顶时引出。受众在高卷入度节点上接收品牌诉求,其接受度最高,广告效果也最好最持久。

因此,作为一篇几百字和十几张图片组成的超长软文,作者需要一步一步或理性或感性地将受众带入到故事情境中,将自己擅长的时尚和艺术故事娓娓道来,通过不断引起疑问、回答以及强有力的故事逻辑让读者于不知不觉中已放下心理防线,沉浸在自己热衷的时尚八卦或西方美术的长廊里。在文章最后,落脚到推广的品牌上,水到渠成。

(3)用受众感兴趣的方式讲品牌诉求。从选择心理学上讲,"一般来说,人们习惯于接收那些与自己固有观点一致或自己需要关心的信息,而排斥那些与自己固有观点相抵触或自己不感兴趣的信息"。正如本任务前面讲的两个经典例子,作者把电视剧《如果

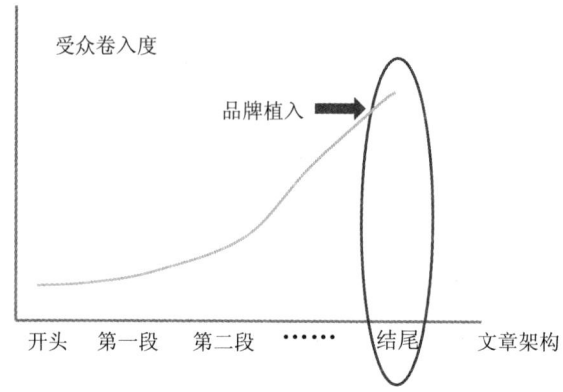

图 3-18 文章架构和受众卷入度关系图

蜗牛有爱情》中男女主人公变成了"佐卡伊"的代言,用电视剧情的发展来证明"佐卡伊"珠宝是爱情故事的最美选择,从而使品牌形象与明星、爱情故事完美融合。而软文《女王范》看似在认真为受众解读西方绘画艺术历史典故,实则为 CHAUMET 重述品牌故事。由于是自己感兴趣的时尚和艺术信息,受众尽管知道是推广仍会点击浏览。

不论软文谈的是电视剧情还是西方艺术,只不过是作者在说服过程中信手拈来的素材,实际都是作者用受众容易接受的例子来说理。就好像童话故事,看似是在讲有趣的故事,实际上却是在用小朋友容易接受的方式来说道理于无形。

除了"电视剧"和"艺术",美食、电影、游戏、时尚等,只要是受众感兴趣的话题都可以学习类似的推广软文方式,借用该话题下的例证来证明产品诉求点。

(4)树立信息源的权威,用"非软文"垂直深耕一个主题。信息源的可信度影响信息传播的效果。受众对某个作者的兴趣和信任是一个长期的培育过程,特别是在受众处于高卷入度的时候。"冰冻三尺非一日之寒",许多软文作者是经过长期的运营积淀,慢慢积累人气,被受众认可后才开始试探商业软文的。

三、完成任务

任务:撰写珠宝营销软文

假设一年一度的母亲节就要到了,请为您所在的珠宝公司撰写一篇软文,宣传公司文化以及最新的产品。

要求:(1)软文的形式是多样的,请自行确定方式;

(2)软文中对产品的宣传不要过于直白;

(3)软文中可以附相应的图片。

任务 测评

一、知识测评

(一)是非题

1. 简单来说,非直白的广告表达方式都可以成为硬文广告。（　　）
2. 成功的软文不能从标题开始,否则会被消费者定为"标题党"。（　　）
3. "及格级别"的软文广告能引起读者注意,但创意不够,难以让媒体转载。（　　）
4. 珠宝官方网站的内涵建设、博客、微信、论坛的推广等其实都涉及软文广告。（　　）
5. 用受众感兴趣的方式讲品牌诉求,因此尽管读者知道是广告推广仍旧会点击浏览。（　　）

(二)多选题

1. 软文的重要性有(　　)。
   A. 提高品牌知名度　　　　　　B. 降低顾客对广告的抵触
   C. 降低广告成本　　　　　　　D. 提高网站流量
   E. 辅助 SEO

2. 珠宝首饰相关的软文素材来源有(　　)。
   A. 珠宝企业自身的动态与发展　　B. 抓住珠宝行业热点问题、时事进行开展
   C. 根据珠宝消费者的感受进行述说　D. 根据同行业的优秀文章进行思维扩展

3. 软文广告与硬文广告的区别有(　　)。
   A. 硬文广告主要展现广告诉求
   B. 软文广告主要展现受众感兴趣的知识以及广告诉求
   C. 硬文广告主要展现受众感兴趣的知识以及广告诉求
   D. 软文广告主要展现广告诉求

4. 一般来说,将软文广告划分为 4 个层次,分别为(　　)。
   A. 负级别　　B. 及格级别　　C. 零级别　　D. 优秀级别　　E. 低级别

5. 一篇优秀的软文广告应该是(　　)。
   A. 由浅入深,提高观众的兴趣
   B. 树立信息源的权威,用"非软文"垂直深耕一个主题
   C. 用受众感兴趣的方式讲品牌诉求
   D. 具有吸引观众的标题

二、学习效果测评

1. 您是否了解撰写软文的特点和技巧？　　　　　　　　　　　　　　（　）
   A. 了解　　　B. 基本了解　　　C. 基本不了解　　　D. 完全不了解

2. 您是否能够为珠宝网店撰写促销软文？　　　　　　　　　　　　　（　）
   A. 能够　　　B. 基本能够　　　C. 基本不能　　　　D. 完全不能

3. 对于本任务的学习，学习成果有哪些？不足有哪些？

_____

_____

请运用所学知识，根据公司需要，为您所在的珠宝公司撰写软文，并将您撰写的软文与大家分享，寻找优点和不足之处，并进行改进。

项目四 珠宝网络营销美工

项目内容

珠宝网络营销美工是珠宝电商企业（如网店、微店等）的重要工作岗位，是对珠宝网店网站页面的编辑美化工作者的统称，该岗位主要工作有页面设计和美化，网店促销海报制作、处理商品图片、设计电子宣传单等。本项目以珠宝网店美工实训为例，掌握网店布局、商品展示方法，能进行基本的珠宝首饰图片素材拍摄规划，掌握珠宝网店装修技巧。这些方法和技巧也适用于其他珠宝网络营销方式。

项目知识目标

1. 了解珠宝网站、网店风格、氛围设计方法，网页布局类型和商品展示要求
2. 掌握珠宝首饰图片素材规划方法
3. 掌握裁剪、二次构图、放大、调整色调等珠宝图片处理基本技术

项目能力目标

1. 能够进行珠宝网店布局和商品展示
2. 能够进行基本的珠宝网店图片素材拍摄规划
3. 能够进行图片的裁剪、二次构图、缩放、色调调整等

项目素质目标

1. 具备一定的审美观与色彩感
2. 具备一定的搭配和布局能力
3. 对美和时尚比较敏感，能把握网站整体设计风格
4. 有创意，有良好的设计感觉

项目 任务安排

任务一　珠宝网店网站布局和商品展示
任务二　珠宝网店商品图片素材拍摄规划
任务三　珠宝网店商品图片处理

任务一　珠宝网店网站布局和商品展示

珠宝网店网站布局和
商品展示PPT

任务 内容

假设您是珠宝网店美工,请您分析所在网店网站的页面布局和商品展示方式。

任务 目标与要求

1. 了解珠宝网店风格和氛围设计方法
2. 了解珠宝网店的常见布局方式
3. 了解珠宝网店商品展示的要求

任务 实施

一、课前准备

请浏览若干国内珠宝品牌、国际珠宝品牌网店的网页,并写下各珠宝品牌网页第一眼给您的感觉。

二、知识学习

顾客在实体珠宝店购物时,置身于环境优雅、奢华的零售环境中,通过触摸、感官等互动体验来感受珠宝商品的美丽、尊贵,享受着导购员亲切的服务。在网店,买家就只能看图片、视频、文字或听音频的介绍。在众多的网店中,要想第一眼就吸引住顾客,那么营造顾客心仪的购物环境、塑造良好的店铺形象、精心进行网店页面布局显得特别重要。

珠宝网店,无论是各珠宝品牌自有的独立网站,还是在各电商平台(如淘宝、天猫等)上的网店,都是虚拟的网上珠宝商店。每一家网店,需要网店美工对网页进行有目的、有规划的设计。网店的主要设计内容包括网店风格与氛围设计、网页布局结构设计、商品分类设计、商品主图及细节图设计、商品描述、网店服务项目设计等。本任务将简要介绍珠宝网店风格与氛围设计、珠宝网店网页布局类型和珠宝网店商品展示要求。

(一)珠宝网店风格和氛围设计

如果一家网店有属于自己鲜明的风格和氛围,会给顾客留下深刻的印象。各珠宝网店可以根据自己的品牌定位、产品特点、产品价位、目标顾客群体等来确定网店的风格和氛围。珠宝网店风格和氛围设计的方法主要有以下几条。

1. 根据品牌定位来确定网店风格和氛围

各珠宝网店的风格和氛围需要和自身销售的产品性质及品牌定位相一致。如销售高端产品的,可以打造奢华性;强调品牌的,可以介绍品牌历史和品牌文化故事;强调产地的,可以介绍产地、矿区等。各网店可以采用丰富的多媒体手段来展示,如奢华的图片、精心制作的品牌视频、Flash 动画、精美的海报页面、舒缓的音乐等,甚至可采用 3D 虚拟店铺体验等,使顾客感受到该品牌的震撼力。如图 4-1 所示"佐卡伊"旗舰店,用蓝色、粉色及浪漫的主题和童话般的构图,体现了清晰、温暖、浓郁而又浪漫的风格氛围。

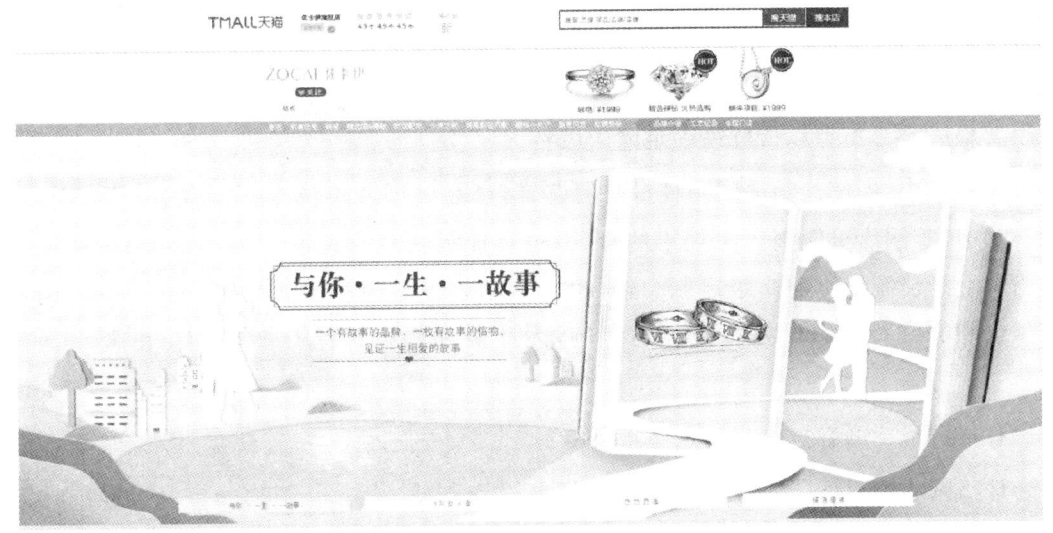

图 4-1 "佐卡伊"天猫旗舰店首页

各珠宝网店在使用大量多媒体的同时,要注意网速的问题。如果网速较慢,有的顾客会因缺乏耐心而关闭网页。

2. 根据产品特点来确定网店风格

因为不同的珠宝首饰产品特点不一样,各珠宝网店所销售的产品存在差异性,因此网店的风格也应随之改变。如金饰的富贵,银饰的古朴,铂金的典雅,钻石的忠贞,翡翠、白玉的文化,水晶的清新,彩色宝石的缤纷,珍珠的温柔高贵,琥珀的神秘等,每种宝石都有自己的个性,网页的风格应该与产品特点一致。如图4-2所示"东华美钻"旗舰店,用温馨的暖色调和突出的人物图像,体现了温暖、浪漫和忠贞的爱情誓言。

图4-2 "东华美钻"天猫旗舰店的首页

3. 根据产品类型和价位来确定网店风格

在网店中,即使是销售同一种材质的首饰,产品类型和价位也可能有所不同。以黄金饰品为例,网店可能销售大规格的金条,也可能销售几百元左右的小金饰;可能销售价格几万元传统手工的高级定制金饰,也可能销售批量生产的大众化产品。不同的产品类型和价位对网店风格有极大的影响,因此需要根据产品类型和价位来调整网店风格。

4. 根据目标顾客群体来确定网店风格

珠宝网店的目标顾客群体可以根据居民可支配收入水平、年龄分布、地域分布、职业、兴趣爱好、购买类似产品的支出等进行分析统计,也可以从用得上→买得起→信得过→看得中→急着用5个层次来进行分析。企业一旦确定了产品的目标顾客群体,那么目标顾客群体的喜好、文化程度就能在一定程度上影响网店风格了。

总之,在进行各类珠宝网店的风格和氛围设计时,都需要做到页面轮廓清晰,主次分明,统一色彩、图片、文字、字体、标题、区分线、折扣信息等,并贯穿全店,这样才能形成统一的风格和氛围。

(二)珠宝网店网页布局类型

在各珠宝网店中,网页布局既可以采用电商平台提供的网页模板,也可以自行开发设计网页。常见的网页布局类型主要有以下几类,各网店可以根据需要选择使用。

1."同"字形结构布局

即在页面顶部水平放置主导航栏,下面分为左、中、右三栏,左边放置内容导航栏、二级导航栏热点内容等;右边放置站点动画广告、图片链接、友情链接、搜索引擎、注册登录、栏目条等信息;中间为主要内容板块,如图4-3所示。

2."匡"字形结构布局

即把"同"字形布局右边内容移到底部,整体布局类似"匡"字形结构,如图4-4所示。

3."回"字形结构布局

即在"同"字形结构的下面增加了一个横向通栏,这种变形将页脚利用起来,增大了主体内容,整体布局类似"回"字形结构,如图4-5所示。

4."吕"字形结构布局

即把页面分成上、下两大块,整体布局类似"吕"字形结构,如图4-6所示。

5. 左右对称布局

即把页面分为左右对称两块,这种布局结构简单,适合内容较少的页面,是网页布局中最为简单的一种,如图4-7所示。

6. Ⅱ字形布局

即在顶部设置站标和导航栏,下边分为左、右两部分,如图4-8所示。

7. 自由式布局

打破常规,自由灵活的网页布局。这种布局富于美感,可以吸引大量的浏览者欣赏,如图4-9所示。

(三)珠宝网店商品展示要求

如果把网店网页结构布局比作珠宝店的柜台分布,那么网店的珠宝商品展示就相当于在柜台里摆上商品,是顾客重点浏览的区域。展示的珠宝商品需要第一时间吸引顾客的注意力,引起顾客的兴趣。珠宝网店商品展示要遵循的原则主要有:

(1)导航明确。导航明确指网页导航栏设置清晰明确,使顾客能快速找到所需要的商品。

(2)展示主次分明。在网店网页展示中,顾客一般最关心的是当季新款,商家主推款

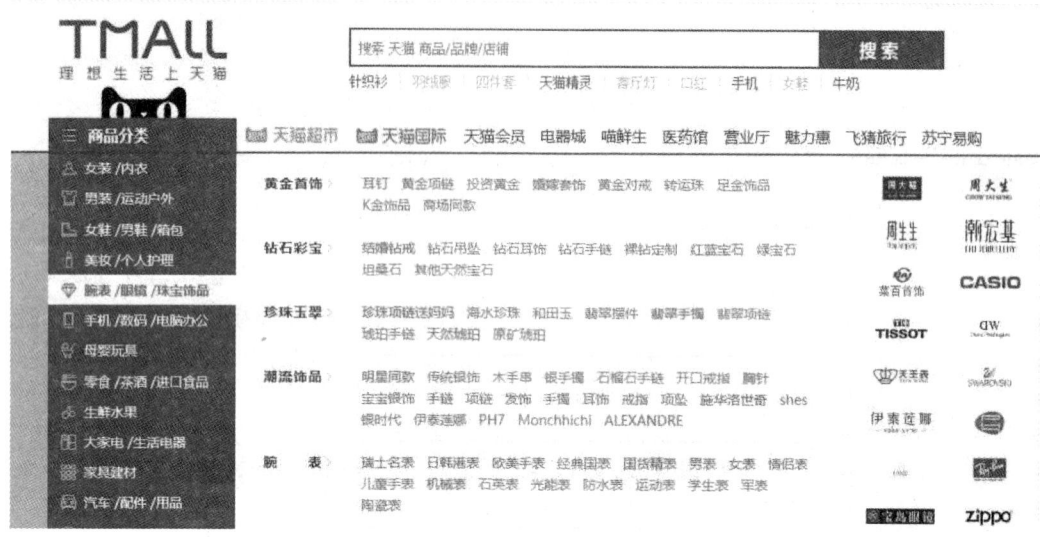

图4-3 天猫的"同"字形网页布局

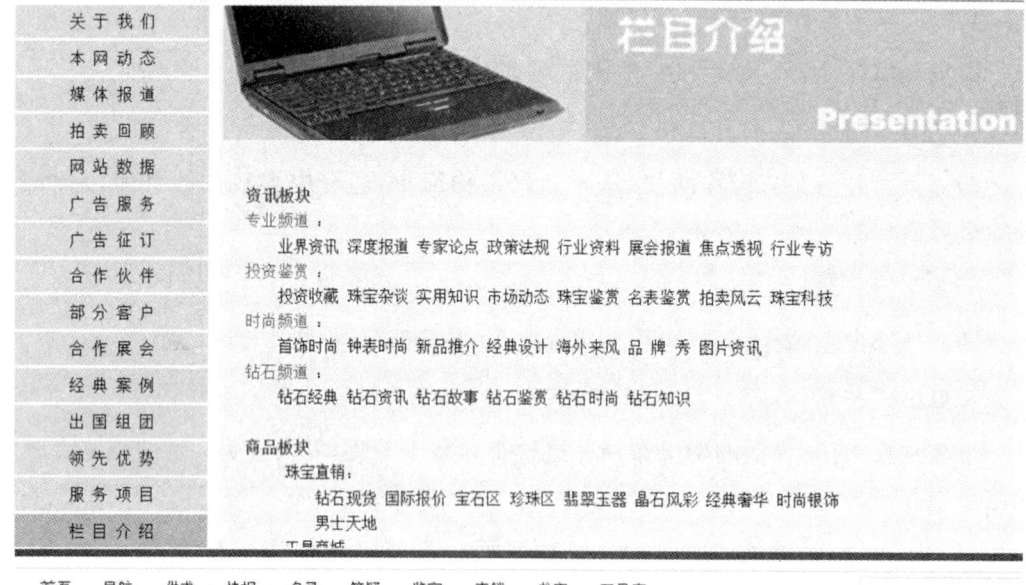

图4-4 21世纪珠宝网的"匡"字形网页布局

和大家都在收藏、购买的热款。在网店网页中应尽量将这些产品陈列在前三屏最醒目的地方。

（3）不同产品左右结合展示。顾客进入店铺后，视线一般习惯由左至右扫描商品，所

图 4-5 "佐卡伊"天猫店网页的"回"字形结构布局

图 4-6 "佐卡伊"天猫店网页的"吕"字形结构布局

以商家可以将更想销售的商品展示在左侧,以此吸引顾客的目光,促进商品销售。

(4)不轻易更换栏目布局和动线。为了充分尊重老顾客的用户体验,网店一旦确定了导航、广告、新款、主打款等栏目布局和动线,请不要轻易改动,因为一旦改动,就可能会影响老顾客的浏览习惯。如果确需改动,请在仔细规划后,逐步进行。

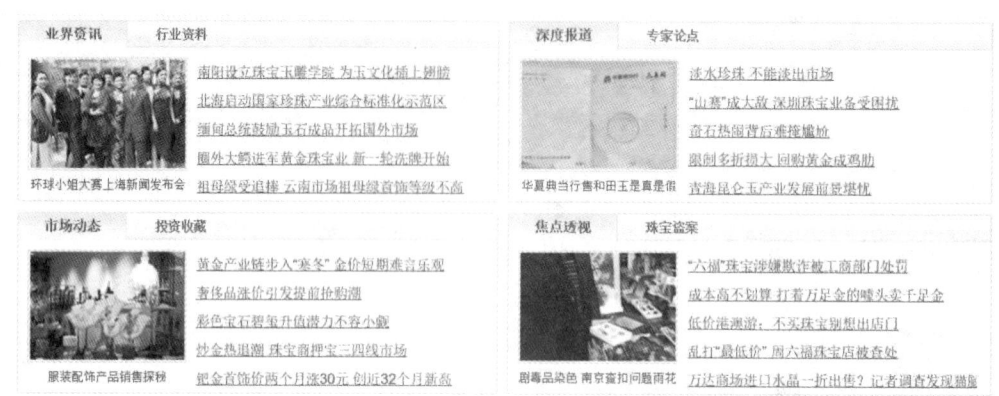

图 4-7　21世纪珠宝网网页的左右对称布局

图 4-8　"佐卡伊"天猫店网页的Ⅱ字型布局

图 4-9　"周小宝"珠宝淘宝店的自由式布局

概念学习

- 动线

原是建筑与室内设计的用语之一,指人在室内室外移动的点,连合起来就成为动线。优良的动线设计在展馆、店铺馆等空间中特别重要,既需要让进入空间的人,在移动时感到舒服,没有障碍物;有时也需要加强迂回,以便消费者能多看到各个销售点。在网店中,也可以用来借指顾客可能的浏览路线。

(5)清仓区。如果商家有过季的、断码的、需要快速销售变现的产品,可以放在清仓区,并在醒目处设置入口,便于顾客点击浏览。

三、完成任务

任务1:国内外珠宝品牌网店的网页布局特点分析

请浏览若干国内和国际珠宝品牌网店的网页,并截图,对比各网店的风格、网页布局特点、商品展示特点(表4-1)。

表4-1 不同珠宝品牌网店风格、网页布局特点和商品展示特点分析

序号	珠宝品牌名称	网店风格	网页布局特点	商品展示特点
1				
2				
3				
4				
5				
6				
7				
8				
9				
10				

任务2:网店风格、布局设计、商品展示设计

如果可能的话,请为您所在的珠宝网店(或模拟网店)设计合适的网店风格、网页布局和商品展示方式。

任务测评

一、知识测评

（一）是非题

1. 网店美工是对网店网站页面编辑美化工作者的统称。（   ）
2. 网店美工的工作只有网站页面设计、美化、网店促销海报制作。（   ）
3. 珠宝网店的主要设计内容包括网店风格与氛围、网页布局结构、商品品种分类、商品展示和网店服务项目设计。（   ）
4. 各珠宝网店可以根据品牌定位、产品特点、产品类型和价位、目标顾客群体等来确定网店的风格和氛围。（   ）
5. 珠宝网店的目标顾客群体可以根据居民可支配收入水平、年龄分布、地域分布、职业、兴趣爱好、购买类似产品的支出等进行划分。（   ）

（二）单选题

1. 珠宝网店的目标顾客群体可以从哪五个层次来进行分析？（   ）

   A. 用得上→买得起→信得过→看得中→急着用

   B. 买得起→用得上→信得过→看得中→急着用

   C. 用得上→买得起→看得中→信得过→急着用

   D. 用得上→买得起→信得过→急着用→看得中

2. （   ）结构布局指在页面顶部水平放置主导航栏，然后下面分为左、中、右三栏，左边放置内容导航栏、二级导航栏热点内容等。

   A. "同"字形   B. "匡"字形

   C. "回"字形   D. "吕"字形

3. （   ）结构布局指在"同"字形结构的下面增加了一个横向通栏，这种变形将页脚利用起来，增大了主体内容。

   A. "同"字形   B. "匡"字形

   C. "回"字形   D. "吕"字形

4. （   ）结构布局指把页面分成上下两大块。

   A. "同"字形   B. "匡"字形

   C. "回"字形   D. "吕"字形

5. （   ）原是建筑与室内设计的用语之一，指人在室内室外移动的点联合起来。它在展馆、店铺馆等空间中特别重要，既需要让进入空间的人，在移动时感到舒服，没有障碍物，有时也需要加强迂回，以便消费者能多看到各个销售点。在网店中，也可以用来借指顾客可能的浏览路线。

A. 移动轨迹　　　　　B. 动线　　　　　C. 浏览路线　　　　D. 障碍线

二、学习效果测评

1. 您是否了解珠宝网店风格的设计方法？　　　　　　　　　　　　　　　　（　　）

A. 完全了解　　　B. 基本了解　　　C. 基本不了解　　　D. 完全不了解

2. 您是否了解珠宝网店的常见布局方式？　　　　　　　　　　　　　　　　（　　）

A. 完全了解　　　B. 基本了解　　　C. 基本不了解　　　D. 完全不了解

3. 您是否了解珠宝网店商品展示的方法？　　　　　　　　　　　　　　　　（　　）

A. 完全了解　　　B. 基本了解　　　C. 基本不了解　　　D. 完全不了解

4. 对于本任务的学习，学习成果有哪些？不足有哪些？

知识 运用

请在课后，运用所学知识，为自己所在网店进行网店风格、网页布局和商品展示方式实践。

任务二　珠宝网店图片素材拍摄规划

珠宝网店图片素材
拍摄规划PPT

任务 内容

假设您是珠宝网店美工，请选择 1 件首饰商品，完成该商品图片素材的拍摄规划。

任务 目标与要求

1. 了解珠宝网店美工的核心技能要求
2. 掌握珠宝图片素材拍摄规划的内容
3. 基本能进行珠宝图片拍摄素材规划

一、课前准备

请选择1种珠宝首饰商品,在网络上搜索该商品销量最大的相关珠宝网店,在该珠宝网店中选择1件典型产品的宝贝描述页面,截取描述该产品的各类图片。分析该珠宝网店为了展示该种商品,都使用了哪些图片素材。

二、知识学习

网店美工是对网店页面进行编辑、美化工作者的统称。作为一名珠宝网店美工,需要考虑网店风格,会对网店商品进行拍摄规划,会使用Photoshop等软件对所拍图片进行美化处理,会使用Dreamweaver等软件进行排版、设计宝贝描述页面,能够设计促销海报等。表4-2是珠宝网店美工核心技能表,供从业人员参考。

表4-2 珠宝网店美工核心技能表

	技能模块	技能明细
珠宝网店美工核心技能	素材准备	(1)能进行珠宝商品图片素材拍摄规划; (2)能进行珠宝商品照片拍摄
	Photoshop图片美化	(1)能裁剪图片、调整商品图片的最佳角度; (2)能抠选图片; (3)能通过修图去除图片中的杂点和调色美化图片; (4)能进行图像合成; (5)能设计促销海报; (6)能进行店铺装修设计等
	Dreamweaver排版	(1)能设计珠宝网店页面; (2)能进行珠宝图片描述; (3)能进行网店表格排版; (4)能进行链接、热点链接; (5)掌握基础代码等

另外,如果网店美工会使用 Fireworks 等其他软件,进行 gif 动画制作、图片无缝切割、图片优化和图片批量处理等,将有利于提高工作效率。

在网店美工的核心技能中,珠宝图片拍摄工作一般会由专职摄影师完成,使用 Photoshop 等软件进行珠宝商品图片美化,使用 Dreamweaver 等软件进行排版,这些技能需要在专门的软件课程中学习,本任务重点介绍如何进行珠宝图片素材的拍摄规划。

在素材的拍摄规划上,一般需要准备产品主图和宝贝描述图片。

(一)产品主图

1. 产品主图的概念

产品主图是指卖家在商品发布后台宝贝图片模块中上传的图片,以淘宝网为例,主图有 5 张(图 4-10)。

图 4-10 天猫珠宝产品主图示例

在这 5 张主图中,第一张主图也叫首图,是展示于淘宝网搜索结果页和点击展开商品详情页面首次显示的图片(图 4-11,其中"佐卡伊"价格为定金)。首图是一款产品的流量入口,对引流起着至关重要的作用。

2. 主图发布的要求

以淘宝网为例,发布主图的要求有:

(1)卖家最好使用自己实拍图片发布商品。

(2)上传的宝贝图片要求大小不能超过 500K,支持 jpg、png、gif 格式。当制作的宝贝图片尺寸大于 800px×800px 时,上传以后宝贝就会自动有放大镜的功能,鼠标移动

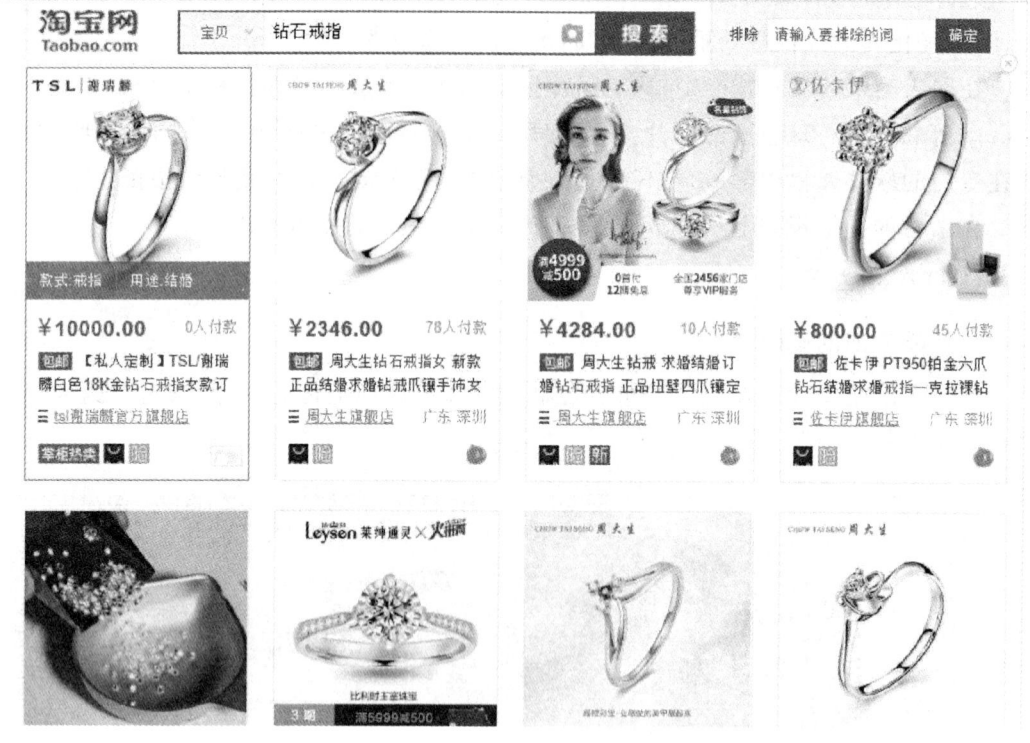

图4-11 在淘宝网搜索"钻石戒指"后出现的各家产品主图(搜索显示的产品随时间变化)

到宝贝图片相应位置时会显示放大。

(3)主图应为正方形,否则在展示时,淘宝会自动将它处理成正方形,就会导致图片变形。

3. 珠宝行业主图发布规范

淘宝网规定,每张主图的发布都应符合行业规范。珠宝行业的主图发布规范主要有:

淘宝网规则

(1)第一张主图只能出现商品单品图;商品主体要求正面完整且居中,正面拍摄无法有效展示商品时,允许商家对主图作细微的变动。

(2)第一张主图图片不得拼接,不得出现水印,不得包含促销、夸大描述等文字说明,该文字说明包括但不限于秒杀、限时折扣、包邮、满×送×等,商标持有人可将品牌LOGO放置于主图左上角,大小为主图的1/10。

(二)宝贝描述图

宝贝描述图在宝贝详情页下面,也叫宝贝细节图。在淘宝中搜索页面,顾客点击产品主图链接后,一般会直接进入宝贝详情页,即宝贝描述页。浏览宝石描述就如同在柜台中取出商品,开始慢慢欣赏。宝贝描述页是影响成交率的重要因素之一,在宝贝描述页中,素材有图片、文字、视频、表格等,其中商品图片又是描述页中最主要的元素之一。

在制作宝贝描述页前,需要由美工、运营、摄影师、客服等共同对产品和顾客进行分析后,规划具体内容,然后再准备素材。根据顾客的购物习惯和卖家的销售经验,珠宝产品描述页的主要内容包括正面或正侧面整体大图、多角度图片、细节特写、参数信息、背景颜色、卖点信息、佩戴效果图、卖家实力资质、包装效果、对比、场景实用图等。珠宝产品怎么拍,使用哪些道具,要从什么角度拍,都需要根据对产品的卖点展现的规划去拍摄,工作人员在拍摄前要有详细的拍摄规划方案。

以某款翡翠首饰为例,珠宝图片拍摄规划示例如表4-3所示。

表4-3 珠宝图片拍摄规划表示例

宝贝名称:某款翡翠首饰　　　　　　拍摄时间:＿＿＿＿＿＿　　　交稿时间:＿＿＿＿＿＿

拍摄内容	拍摄要点	拍摄构图	张数
整体大图	正面、正侧面	如摄影箱内、静物台上等,多角度拍摄	×张
多角度图片	左侧面、右侧面、背面、顶部、底部等	如摄影箱内、静物台上等,多角度拍摄	×张
细节特写	正面反射光图案细节、透射光细节、背面图案细节、侧面图案细节、搭扣细节、挂链细节、印记细节等	如摄影箱内、静物台上等,多角度拍摄	×张
参数信息	长、宽、高(可用游标卡尺)	如摄影箱内、静物台上等,多角度拍摄	×张
背景颜色	深色背景、浅色背景单独拍	如摄影箱内、静物台上等,多角度拍摄	×张
卖点信息	如老坑满绿玻璃种、无瑕、精工雕刻等	如摄影箱内、静物台上等,透射光、反射光分别拍摄	×张
带有互动性和故事性的佩戴效果图	如道具脖颈效果、模特佩戴效果、真人秀(如明星、名人、卖家秀、买家秀等)	如实景拍摄或摄影棚内拍摄	×张
实力资质	如鉴定证书、质量保证卡、品牌标签、专卖店照片、生产定制车间照片、雕刻过程照片等	如静物台上,多角度拍摄或实景拍摄	×张
包装效果	如精美包装盒、精美外包装袋、结实邮寄纸箱包装	如静物台上,多角度拍摄	×张
对比	和明星同款对比、和市场劣质产品对比等	如静物台上,多角度拍摄	×张

续表 4-3

拍摄内容	拍摄要点	拍摄构图	张数
背景/场景	主图白背景、主图颜色背景、模特茶道图、模特阅读图、模特抚琴图等	如实景拍摄等	×张
摄影器材	单反相机、微距镜头、三脚架、闪光灯、拍摄用影视灯、引闪器、柔光板、反光板、珠宝摄影箱、静物台等		
拍摄用小工具	固定用小工具：透明胶纸、双面胶、强力胶、小夹子、固定用橡皮泥等；反光/遮光/柔光小工具：铝纸、硫酸纸、白反光纸、黑色卡纸、背景纸等		
道具	紫砂壶、茶具、书卷、古琴、白色细线（拍摄时用于提拉项坠）等		

三、完成任务

任务 1：对比分析总结

请选择 1 件珠宝首饰，以所选择的珠宝首饰品种为主题，浏览至少 3 家相关珠宝网店，在每家珠宝网店中选择 1 件典型产品的各类图片，并按表 4-4 进行珠宝网店商品图片素材分析总结。

表 4-4 珠宝网店商品图片素材对比分析总结表

请勾选 1 种珠宝：□金饰　□银饰　□铂金　□钻饰　□翡翠　□软玉　□水晶　□彩色宝石　□珍珠　□珊瑚　□琥珀　□流行饰品　□其他_____

内容	请对比不同网店,对该品种首饰的图片特点进行总结
整体大图总结	
多角度图片总结	
细节特写总结	
参数信息总结	
背景颜色总结	
卖点信息总结	
佩戴效果图总结	
实力资质总结	
包装效果总结	
对比总结	
背景/场景总结	
道具总结	
其他	

任务 2：珠宝商品拍摄素材规划

请选择 1 件珠宝商品，根据您总结的图片特点，进行拍摄素材规划，并完成表 4-5。

表 4-5 珠宝商品拍摄素材规划表

宝贝名称：_____   拍摄时间：_____   交稿时间：_____

拍摄内容	拍摄要点	拍摄构图	张数
整体大图			
多角度图片			
细节特写			
参数信息			
背景颜色			
卖点信息			
佩戴效果图			
实力资质			
包装效果			
对比			
背景/场景			
摄影器材			
拍摄小工具			
道具			

任务 测评

一、知识测评

（一）是非题

1. 作为一名珠宝网店美工，需要考虑网店风格，会对网店商品进行拍摄规划，会使用 Photoshop 软件对图片进行美化处理，使用 Dreamweaver 软件进行排版设计宝贝描述页面。（   ）

2. 如果网店美工会使用 Fireworks 等软件，能够进行 gif 动画制作、图片有缝切割、图片优化和图片批处理等，有利于提高工作效率。（   ）

3. 具体的拍摄工作一般会由专职摄影师完成，Photoshop 珠宝商品美化和 Dreamweaver 排版等内容只需要一两节课就能学会。（   ）

4.产品主图,指的是买家在商品发布后台宝贝图片模块中上传的首张图片,即展示于淘宝网搜索结果页和点击展开商品详情页面首次显示的图片。(　　)

5.珠宝产品描述页的主要内容包括正面或正侧面整体大图、多角度图片、细节特写、参数信息、背景颜色、卖点信息、佩戴效果图、卖家实力资质、包装效果、对比、场景实用图等。(　　)

(二)单选题

1.淘宝网上传的宝贝图片要求不能超过(　　),支持 jpg、png、gif 格式。

A.500K　　　　B.600K　　　　C.400K　　　　D.700K

2.当制作的宝贝图片尺寸大于(　　),上传以后宝贝就自动会有放大镜的功能,鼠标移动到宝贝图片各位置时会显示放大。

A.400px×400px　　B.500px×500px　　C.600px×600px　　D.700px×700px

3.以淘宝网为例,主图一般有(　　)张。

A.4　　　　　B.5　　　　　C.6　　　　　D.7

4.在淘宝网中搜索页面,顾客点击产品主图链接后,一般会直接进入(　　)。

A.商店首页　　B.宝贝详情页　　C.商品销售页　　D.购物车

5.在宝贝描述页中,素材有图片、文字、视频、表格等,其中(　　)又是描述页中最主要的元素之一。

A.商品图片　　B.商品文字　　C.商品视频　　D.商品数据表格

二、学习效果测评

1.您是否了解珠宝网店美工的核心技能要求?(　　)

A.完全了解　　B.基本了解　　C.基本不了解　　D.完全不了解

2.您是否掌握珠宝图片拍摄素材规划方法?(　　)

A.完全掌握　　B.基本掌握　　C.基本没掌握　　D.完全没掌握

3.您是否能够进行珠宝图片拍摄素材规划?(　　)

A.能够　　　B.基本能够　　C.基本不会　　D.完全不会

4.对于本任务的学习,学习成果有哪些? 不足有哪些?

知识 运用

请在课后,运用所学知识,选择1件珠宝首饰商品,为自己所在网店或模拟网店进行珠宝商品素材拍摄规划和拍摄尝试工作。

任务三　珠宝网店商品图片处理

珠宝网店
商品图片处理PPT

任务内容

在本任务中,请对已有的商品图片进行恰当的后期处理,在保持实拍效果的基础上,使图片构图更美观、商品更突出,提高图片的质量,从而吸引买家的眼球,促成交易的达成。

任务目标和要求

1. 了解常见电商平台上珠宝图片发布的要求
2. 掌握 Photoshop 软件常用工具的简单使用
3. 能对已有的商品图片进行恰当的后期处理,在保持实拍效果的基础上,使图片构图更美观、商品特点更突出

任务实施

一、课前准备

请以"翡翠手镯"为主题,在淘宝等网络销售平台中查找销量最高的产品。截图并分析该产品图片的比例、构图、细节、色调、尺寸等。

二、知识学习

(一)珠宝商品图片发布要求

常见珠宝电商平台,都有珠宝图片发布要求。如京东平台上珠宝、贵金属首饰类商品主图发布规范如下。

(1)主图图片具体要求:规格 800px×800px,分辨率达到 72dpi,图片大小在 100～

300K之间并且要满画布居中显示,照片要保证亮度充足,真实还原商品色彩。第一张主图必须为商品主体正面图,要求纯白色背景。和田玉及无色水晶产品可使用其他颜色背景,但必须为纯色背景;部分产品可使用衬托物,但衬托物占比不得大于商品。

a.项链类商品主图首图展示具体要求:可采用摆拍(如使用对角线样式构图需要从右上至左下)或吊拍,但每个店铺只可统一使用一种方式展示,如图4-12、图4-13、图4-14所示。

图4-12　商品摆拍　　　　图4-13　商品吊拍　　　　图4-14　商品对角线拍

b.吊坠类商品主图首图展示具体要求:正面全景图吊拍,如图4-15所示。

c.手镯类商品主图首图展示具体要求:可采用两种拍摄方式摆拍。如使用对角线样式则构图需要从右上至左下,如图4-16所示;手镯类商品主图也可以图4-17所示为范例图展示方式发布。

d.手链类商品主图首图展示具体要求:可采用两种拍摄方式摆拍(如使用对角线样式则构图需要从右上至左下),如图4-18、图4-19所示。

e.戒指类商品主图首图展示具体要求:商品主图水平向左45°展示全景图,如图4-20所示。

f.耳饰商品主图首图展示具体要求:商品主体正面全景图或同向正面摆拍图,如图4-21所示。

(2)每件商品需要提供3张及以上不同角度展示细节的商品主图图片。

(3)主图中呈现商品个数与销售最小单位保持一致,主图片展示商品的型号、颜色要与商品标题一致。

(4)商品图片清晰不失真,不能有大面积黑投影或大区域反射环境物,不得出现拉伸变形压缩等非等比例缩放的情况。

(5)主图其他规则以平台发布的相关规定为准。

图 4-15 吊坠类商品正面全景吊拍

图 4-16 手镯类商品对角线摆拍

图 4-17 手镯类商品摆拍范例

图 4-18 手链类商品主图范例 1

图 4-19 手链类商品主图范例 2

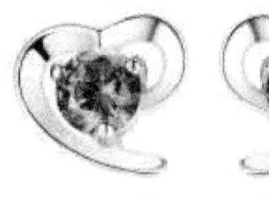

图4-20 戒指类商品主图范例　　　　　图4-21 耳饰类商品主图范例

(二)珠宝商品图片处理示例

1. 裁剪宝贝首图

淘宝网店宝贝首图要求是正方形,而拍摄出来的照片一般是4∶3的比例,因此需要通过裁剪将图片处理为正方形。

步骤1:打开文件。打开Photoshop软件,选择菜单中"文件"→"打开"命令,找到图片所在的路径,选中后单击"打开"按钮(后面操作中简写为"打开文件")。

步骤2:选择裁剪工具。单击"工具箱"上的裁剪工具按钮 ,按住Shift键不放,从手镯的左上角向右下角拖出一个正方形的选区,鼠标放到选区中拖动可以调整位置,鼠标放在四个角上按住Shift键拖动可以调整大小,调整好后按Enter键确认,如图4-22所示。

步骤3:裁剪后的效果,如图4-23所示。

步骤4:保存文件。单击菜单中"文件"→"存储为"命令,输入文件名,图片一般存储为jpg格式,选择保存位置,单击"保存"按钮(后面操作中简写为"保存文件")。

2. 商品图片二次构图

有时商品原图片背景部分太多、商品不突出,如利用裁剪工具对图片进行二次构图,将商品放在黄金分割点上,裁剪后商品更突出、构图也更美观了。

步骤1:打开文件。

步骤2:选择裁剪工具。单击"工具箱"上的裁剪工具按钮 ,从手镯的左上角向右下角拖出一个选区,调整位置和大小,将手镯放在黄金分割点上,按Enter键确认,如图4-24所示。

步骤3:二次构图后的效果,如图4-25所示。

步骤4:保存文件。

项目四 珠宝网络营销美工

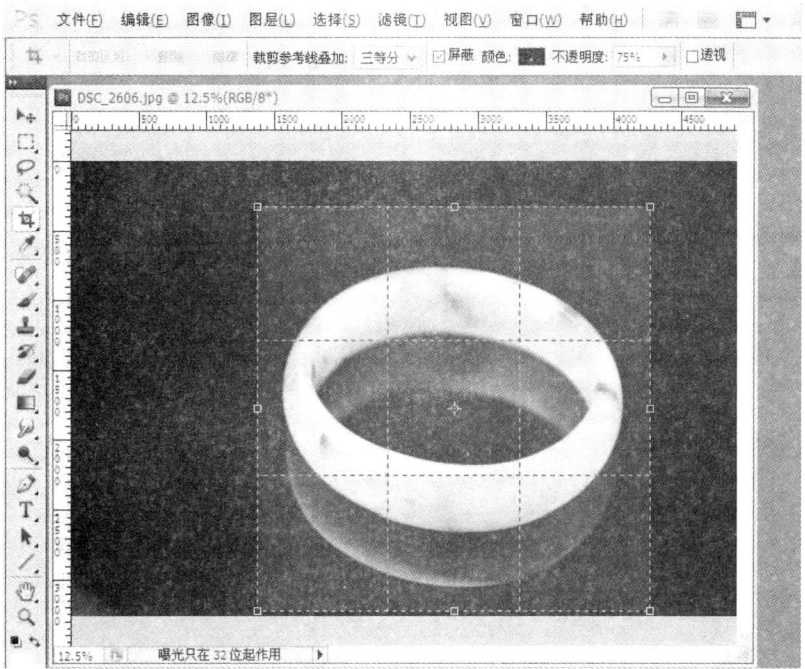

图 4-22 用裁剪工具拖出正方形选区并进行调整

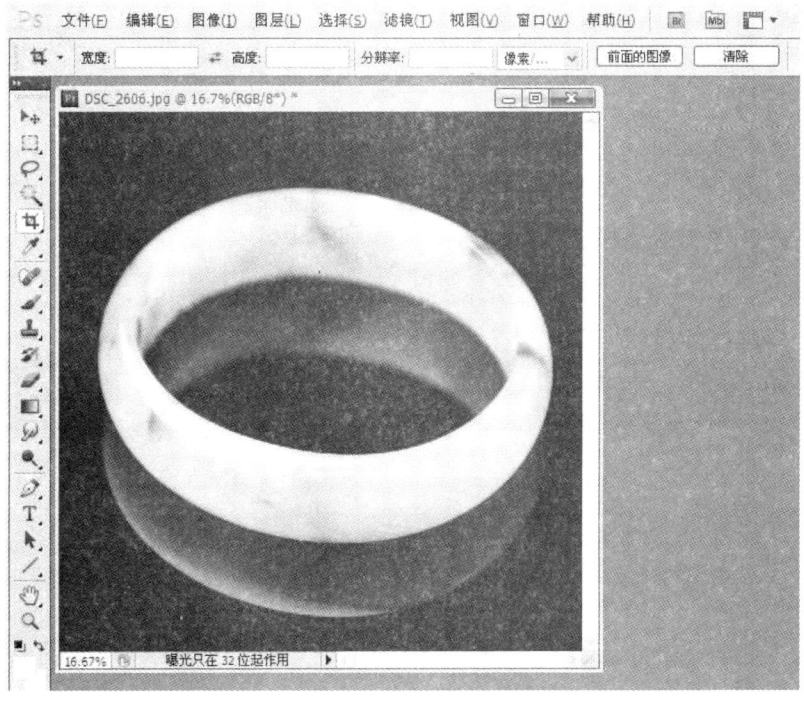

图 4-23 裁剪后的正方形效果

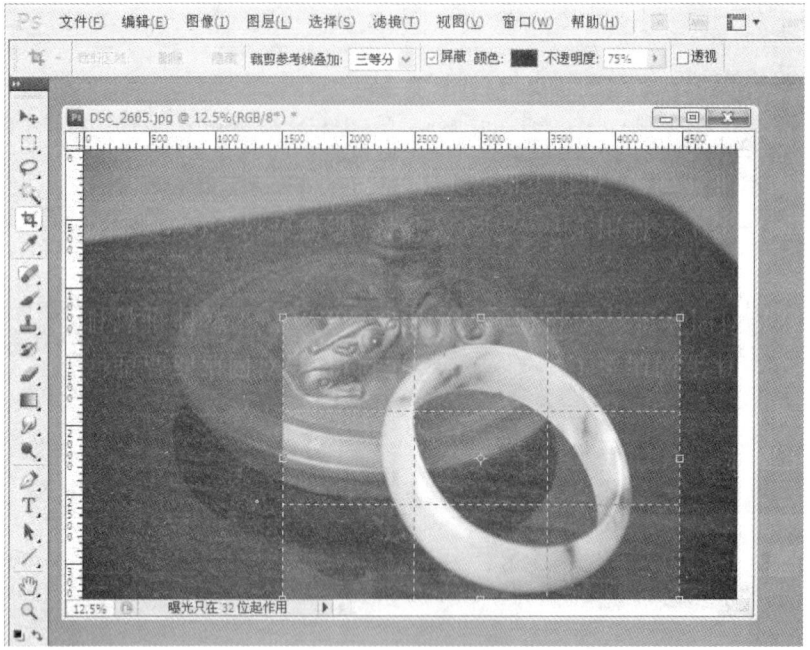

图 4-24 用裁剪工具进行二次构图

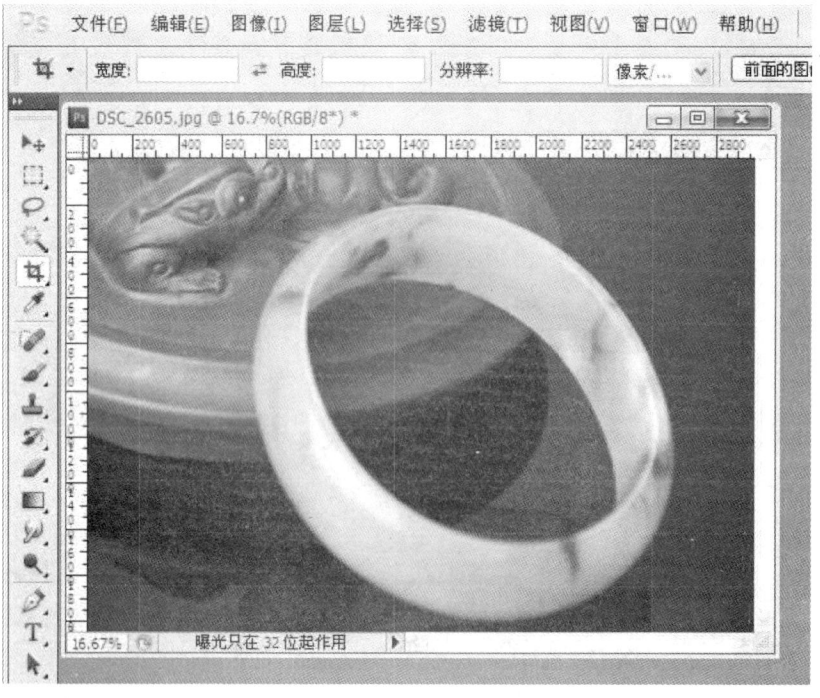

图 4-25 二次构图后的效果

3. 放大裁剪突出细节

在网店的宝贝描述中经常要用到产品细节图,除了用数码相机的微距功能拍出细节特写外,还可以将原图放大后,从中裁剪出细节图或卖点图。

步骤1:打开文件。

步骤2:选择裁剪工具。单击"工具箱"上的裁剪工具按钮 ,选择手镯上要展示的细节或卖点,拖出一个选区,调整位置和大小,按 Enter 键确认,如图 4-26 所示。

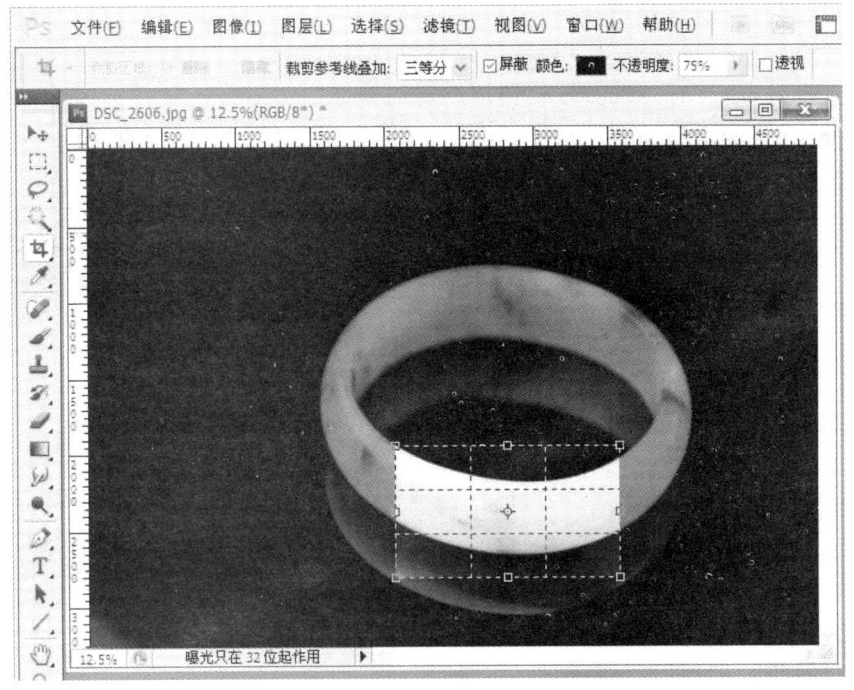

图 4-26 用裁剪工具选取细节或卖点

步骤3:放大裁剪后的细节效果,如图 4-27 所示。

步骤4:保存文件。

4. 调整商品图片色调

现在是"眼球经济",好的商品图片对买家的吸引力是巨大的。商品在拍摄时因为环境光线的原因,会存在曝光不足或过曝以及偏色的问题,所以后期对商品图片色调的调整是不可或缺的。图像的色彩丰满度和精细度是由色阶决定的。

步骤1:打开文件。

步骤2:打开色阶工具。选择菜单中"图像"→"调整"→"色阶"命令,打开"色阶"对话框,如图 4-28 所示。

步骤3:按住鼠标左键拖动左端的黑色三角,向右调整,整个图片的暗度会增强;拖

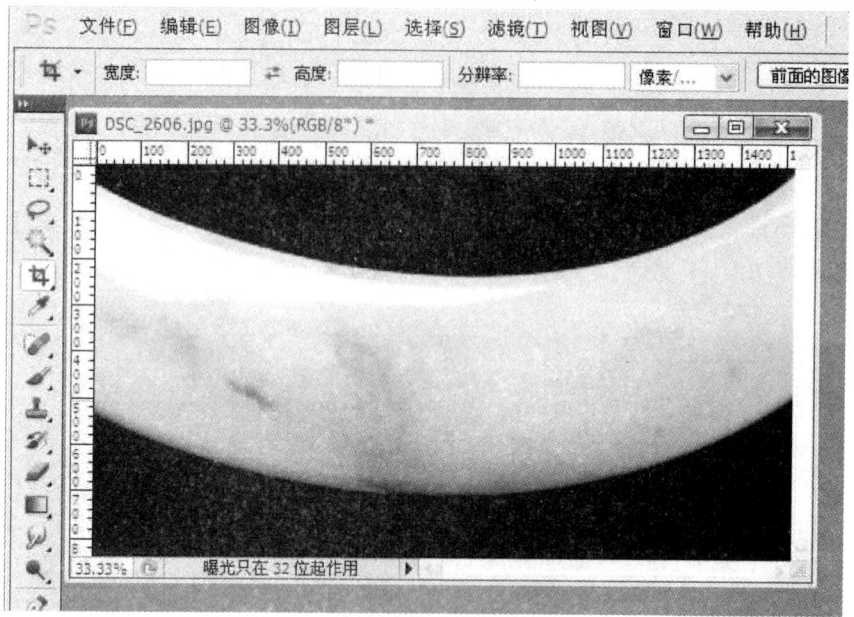

图 4-27 放大裁剪后的细节效果

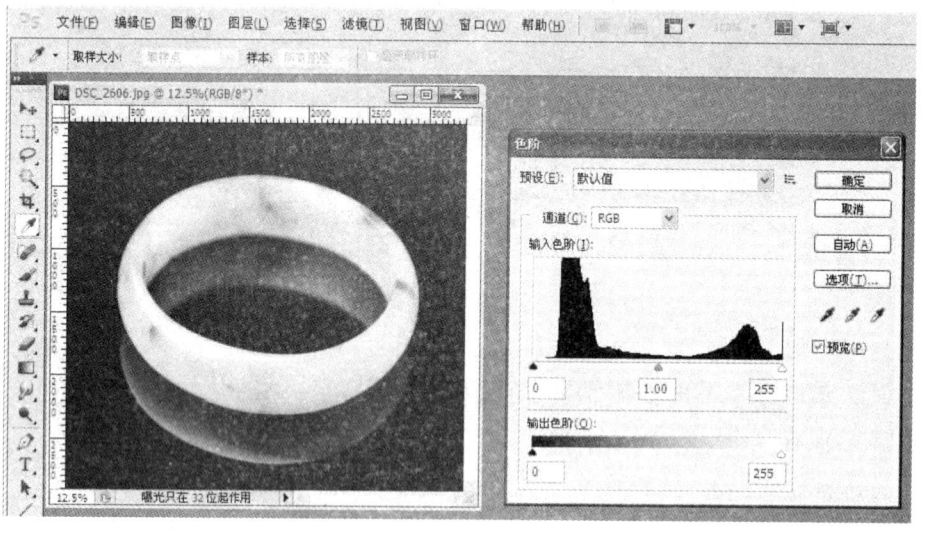

图 4-28 打开"色阶"对话框

动右端的白色三角,向左调整,整个图片的亮度会增强;拖动中间的灰色三角,向右调整,会降低中间的亮度,同时注意观察图片的颜色变化,调整适当后松开鼠标,单击"确定"按钮,如图 4-29 所示。

步骤 4:调整前与调整后的效果对比,如图 4-30、图 4-31 所示。

步骤 5:保存文件。

项目四　珠宝网络营销美工

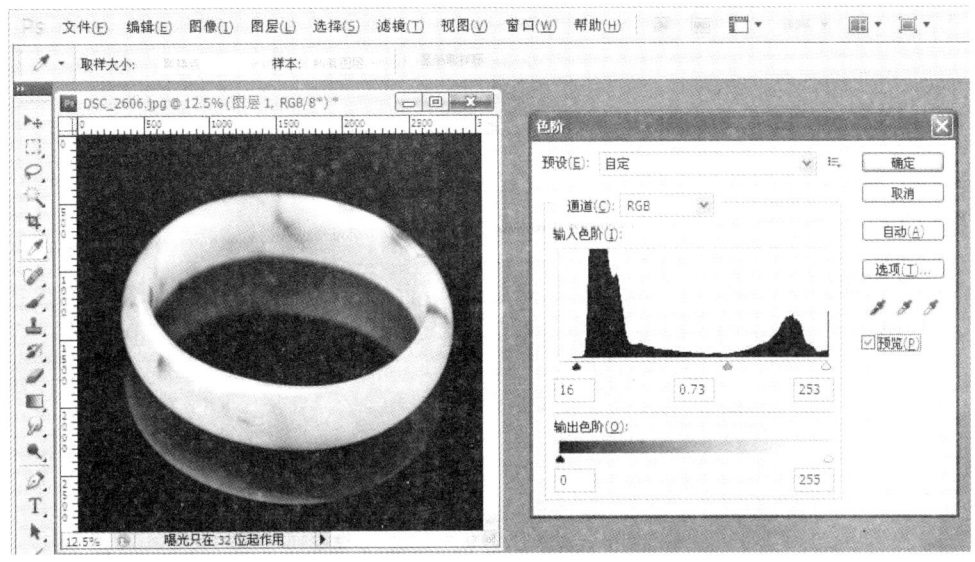

图 4-29　调整图片的色阶

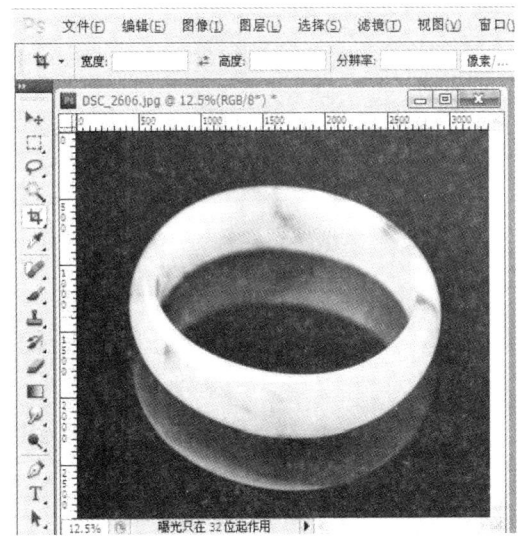

图 4-30　调整前的图片效果

图 4-31　调整后的图片效果

5. 固定尺寸裁剪

网店商品图片的用途不同,上传的位置也不同,对图片尺寸和大小的要求也不同,后期处理完成后,根据要求需要进行固定尺寸的裁剪。此处以商品首图为例,淘宝规定首图尺寸比例为 1∶1,大小不能超过 500K。

步骤1:打开文件。

步骤2：对图片进行二次构图。

步骤3：裁剪后按调整商品图片色调的方法，用"色阶"工具对图片进行美化，效果如图4-32所示。

步骤4：选择裁剪工具。单击"工具箱"上的裁剪工具按钮，在工具属性栏中设定宽度为800px、高度为800px、分辨率为72，如图4-33所示。

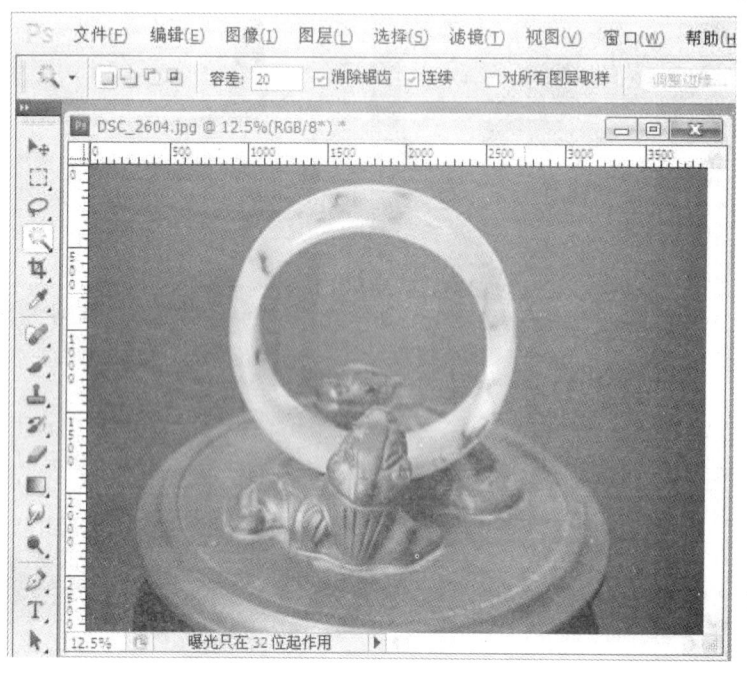

图4-32 对图片进行美化处理

步骤5：按住鼠标左键，从手镯的左上角向右下角拖出一个选区，调整选区的大小和位置，按Enter键确认，如图4-34所示。

步骤6：保存文件。按"确定"按钮前，注意一下图片的大小是否符合要求，效果如图4-35所示。

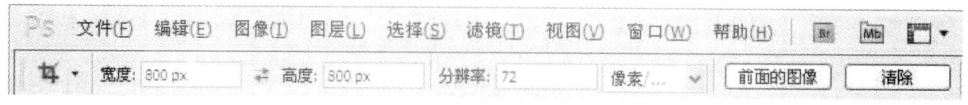

图4-33 设定需裁剪的尺寸

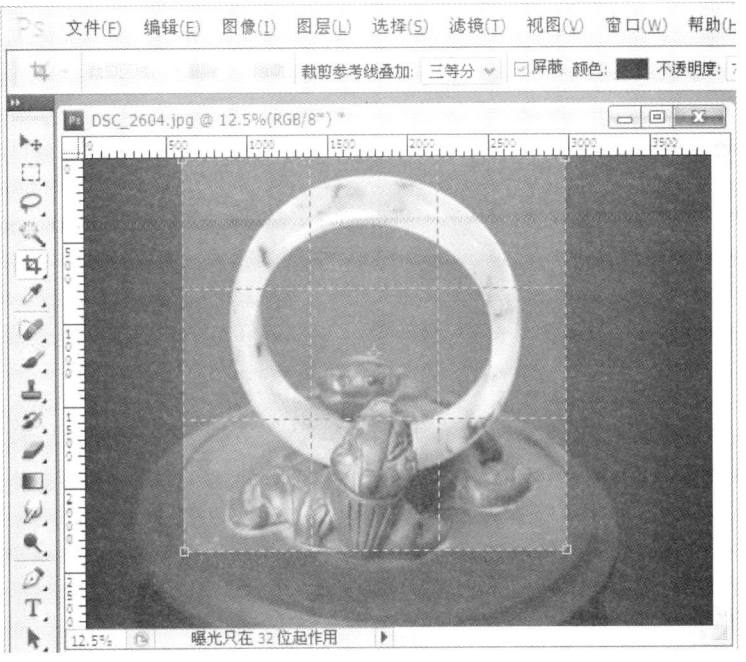

图 4-34 对图片进行固定尺寸的裁剪

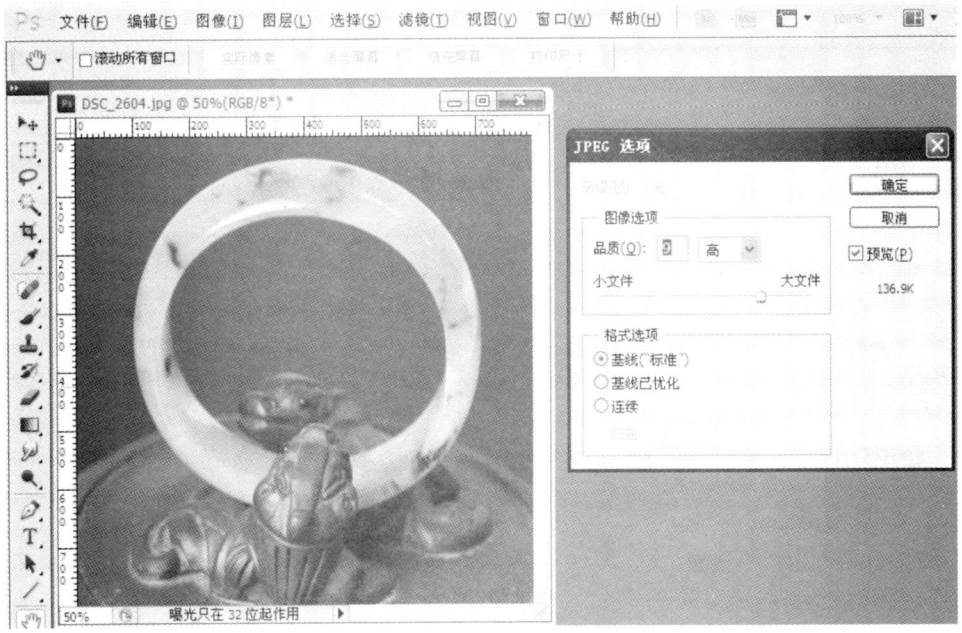

图 4-35 保存图片

三、完成任务

任务 1：珠宝商品拍摄

请尝试根据自己的素材拍摄规划,和所学珠宝图片发布要求,利用身边的拍摄器材,进行拍摄尝试。并写下自己的心得体会,在课外努力学习摄影技巧。

任务 2：图片分析和处理

请分析上一个任务所拍摄的珠宝图片,哪些地方需要处理,并完成图片处理任务,在保持实拍效果的基础上,使图片构图更美观、商品更突出,提高图片的质量。

任务 3：交流分析

将以上处理的图片和大家一起交流分析。您的图片优点和不足之处分别有哪些?

任务 4：继续改进

请根据上述分析,对图片进行进一步的处理和美化,改进不足。

任务 测评

一、知识测评

（一）是非题

1. 京东平台珠宝、贵金属首饰商品图片要求是:第一张主图必须为商品主体正面图,要求纯白色背景。　　　　　　　　　　　　　　　　　　　　　　　　（　　）

2. 京东平台对项链类商品主图首图展示具体要求:可采用摆拍(如使用对角线样式构图需要从右上至左下)或吊拍。　　　　　　　　　　　　　　　　　　（　　）

3. 京东平台珠宝、贵金属首饰商品图片要求是:主图每个店铺只可统一使用一种方

式展示。( )

4.京东平台珠宝、贵金属首饰商品图片要求是:商品图片清晰不失真,不能有大面积黑投影或大区域反射环境物,可以出现拉伸变形压缩等非等比例缩放的情况。( )

5.京东平台珠宝、贵金属首饰商品图片要求是:主图中呈现商品个数与销售最小单位保持一致,主图片展示商品的型号、颜色要与商品标题一致。( )

(二)单选题

1.淘宝网店宝贝首图要求是( )。

A.长方形　　　B.正方形　　　C.平行四边形　　　D.圆形

2.手链类商品主图首图展示具体要求:如使用对角线样式则构图需要( )。

A.从左上至左右　　　　　　B.从左下至右上

C.从右上至左下　　　　　　D.从右下至左上

3.( )商品主图首图展示具体要求:正面全景图吊拍。

A.戒指类　　　B.手镯类　　　C.项链类　　　D.吊坠类

4.( )产品可使用其他颜色背景,但必须为纯色背景。

A.和田玉和水晶　　B.彩色宝石　　C.翡翠　　D.钻石

5.主图中部分产品可使用衬托物,但衬托物占比( )商品。

A.不得小于　　　B.不得大于　　　C.等于　　　D.远小于

二、学习效果测评

1.您是否了解常见电商平台上珠宝图片发布的要求? ( )

A.完全了解　　B.基本了解　　C.基本不了解　　D.完全不了解

2.您是否掌握Photoshop软件常用工具的简单使用? ( )

A.完全掌握　　B.基本掌握　　C.基本没掌握　　D.完全没掌握

3.您是否能对已有的商品图片进行恰当的后期处理,在保持实拍效果的基础上,使图片构图更美观、商品更突出? ( )

A.能够　　B.基本能够　　C.基本不会　　D.完全不会

4.对于本任务的学习,学习成果有哪些?不足有哪些?

知识 运用

请在课后,运用所学知识,为自己所在网店进行珠宝商品图片处理实践,并在课后努力学习图片处理技能。

项目五

珠宝网络营销客服

项目简介

珠宝网络营销客服是珠宝电子商务企业（如网店、微店等）的重要工作岗位，主要从事珠宝网络营销售前、售中、售后服务和交易纠纷处理、顾客关系管理等工作。在本项目中，将学习珠宝网络营销客服的工作流程和内容，基本达到岗位要求。目前，珠宝网络营销客服通常指珠宝网店客服。

项目知识目标

1. 熟悉珠宝网络营销客服工作流程
2. 了解珠宝网络营销客服售前准备内容和方法
3. 了解珠宝网络营销客服售中服务内容和方法
4. 了解珠宝网络营销客服售后服务内容和方法

项目能力目标

1. 熟悉珠宝网络营销客服的工作流程
2. 能够进行珠宝网店售前准备
3. 能够进行珠宝网店售中服务
4. 能够进行珠宝网店售后服务

项目素质目标

1. 具备标准普通话或口头书面语言表达能力
2. 具备较强的情绪控制能力
3. 熟悉珠宝产品生产工艺、流程、产品的国家及行业标准要求

项目 任务安排

任务一　珠宝网络营销售前准备
任务二　珠宝网络营销售中服务
任务三　珠宝网络营销售后服务

任务一　珠宝网络营销售前准备

珠宝网络营销
售前准备PPT

任务 内容

假设您是珠宝网络营销的客服人员，请全面、规范地完成珠宝网络营销客服售前准备工作。

任务 目标与要求

1. 了解珠宝网络营销客服的重要性和意义
2. 熟悉珠宝网络营销客服工作内容和流程
3. 能够进行珠宝网络营销售前准备的具体工作

任务 实施

一、课前准备

请查阅各类资料，思考珠宝网络营销客服售前准备应该包括哪些工作？

二、知识学习

目前，网络营销客服主要通过阿里旺旺、千牛、QQ、微信、E-mail等聊天通讯工具，在线上和顾客实时交流及传送资料。珠宝网络营销客服类似传统珠宝商店的导购员，从销售流程上,可以分为售前准备、售中服务和售后服务。

(一)珠宝网络营销客服的重要性和意义

在珠宝网店中,服务质量和服务态度的好坏,直接影响顾客的购买欲望和公司销售业绩。因此,网店客服是珠宝电商企业最主要的工作岗位之一,其重要性和意义主要有以下几条。

1. 塑造店铺形象

在珠宝网店购物的顾客,看到的是一张张网页上的图片和商品介绍,不能像实体店那样和营业员面对面沟通、交流,心中难免存在疑虑。当顾客有沟通需要时,网络营销客服人员一个亲切的问候,或者一个笑脸(旺旺表情符号),都能让顾客真实地感受到店铺的诚意和善意,这样会帮助顾客放松戒备,从而在顾客心目中逐步树立起店铺的良好形象。

2. 提高成交率

在珠宝网店中,在线客服可以随时回复顾客的咨询,并通过专业的知识和服务技巧,协助顾客选择合适的商品,打消顾客的疑虑,从而促进交易,提高成交率。

3. 提高顾客回头率

优秀客服人员能使顾客在网店的的购物过程中产生愉快的购物体验,使顾客对网店的服务态度、服务品质有了信心和依赖感,当顾客需要再次购买同样商品的时候,就会倾向于选择他所熟悉的卖家,从而提高了网店的顾客回头率。

4. 更好地服务顾客

一个有着专业知识和良好沟通技巧的客服,可以给顾客提供更合适的购物建议,更完善地解答顾客的疑问,更有效地对顾客的售后问题给予反馈,从而更好地服务于顾客。只有更好地服务于顾客,网店才能获得更多的机会。

(二)珠宝网络营销客服工作内容和流程

1. 售前准备

在售前,网络营销客服需做好充分的准备工作,包括环境准备、信息准备、物质准备、资料准备、规则准备、个人准备、接待礼仪准备。

2. 售中服务

网络营销客服一般需按进门问好→答复咨询→产品推荐→处理异议→促成交易→确认订单→礼貌告别→下单发货的流程,认真、负责地完成服务。

3. 售后服务

在售后,网络营销客服需根据网店需要,完成正常交易的查单查件、评价维护、处理各类交易纠纷、维护顾客关系等。

珠宝网络营销客服日常工作流程如图 5-1 所示。

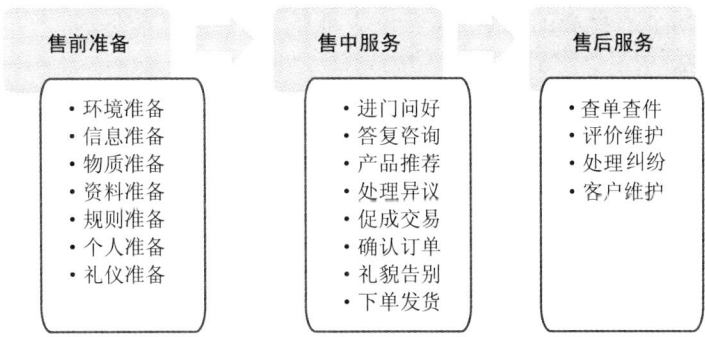

图 5-1　珠宝网络营销客服日常工作流程

(三)网店客服售前准备具体工作

珠宝网络营销客服尽管不像传统珠宝店销售人员那样,营业前需要清点珠宝商品、擦拭柜台,但也不是每天上班前打开电脑,上网后就能直接工作。网络营销客服售前需要进行一系列的准备工作,主要包括环境准备、信息准备、物质准备、资料准备、规则准备、个人准备、接待礼仪准备。

1. 环境准备

网络营销客服售前需确保服务环境正常,如电脑硬件、网络、销售平台、支付平台等一切正常可用。

2. 信息准备

网络营销客服接待顾客前需打开相关的销售平台、聊天软件(如旺旺、千牛等)、交接班记录等,查看相关信息,对即将要做的工作、顾客的要求、前面工作人员交代的事情,做到心中有数。

3. 物质准备

网络营销客服接待前需查看网店数据,了解相关的商品规格、数量等是否正常,仓库中包装用品、赠品是否充足,答复顾客咨询时可能用到的计算器、克拉称、卡尺、销售票据、鉴定证书等是否可用,做好销售的物质准备。

4. 资料准备

网络营销客服接待前需检查商品图片、资料、常用文字模板等电子信息是否完整、可用,并可根据需要浏览本店网页,查看商品信息是否及时更新。

5. 规则准备

网络营销客服售前需理解各类电商规则,如接待顾客咨询时需要用到的本店铺的交易规则、物流规则、退换货规则、售后服务规则等,以备在接待客户咨询时能够准确回复。

6. 个人准备

个人准备包括个人身心的准备、仪容仪表准备、知识技能准备等。

1）健康的身体

由于网络营销客服的特殊性，常常需要客服工作到很晚，或者连续长时间工作，网络营销客服常常感到身体疲惫。为了可持续性发展，网络营销客服岗位应该合理安排轮休时间，调整作息时间，保证充足的休息，确保工作时能有健康的体魄。

2）愉快的心理

在工作前，网络营销客服需要及时调整好心态，以积极、健康的态度面对即将到来的工作，这样在工作时才能具备敏锐的观察力和主动热情的工作态度，提高服务质量。

3）干净、整洁的仪容仪表

尽管大多数情况下网络营销客服并不需要和顾客面对面，只需要在键盘上打字沟通即可。但是，当一个人具备干净、整洁的仪容仪表后，往往也会具备爽朗、利落的工作态度和心情，这份心情也一定会感染到网络另一端的顾客，对提高销售业绩有所帮助。

4）知识、技能的准备

在工作前，网络营销客服需要完成珠宝专业知识、电商交易知识、客服服务技能等培训，确保能够胜任网络营销客服岗位工作。

7. 接待礼仪准备

1）准备好欢迎语

在常见的客服接待时，如果能事先准备好欢迎语，当顾客打招呼时，欢迎词立即出现，会让顾客有受重视的感觉。否则，临时在电脑上打欢迎词，在接待顾客比较多的时候，可能来不及。欢迎语可以有店铺名（品牌名）、客服昵称、表情等。客服使用的欢迎语，应尽量人性化，不要太机械化，不要让客户一眼就感觉是机器自动发送的。珠宝网店常用的欢迎语有：

1. 您好！欢迎您！
2. 欢迎光临××珠宝店！请问有什么可以帮助您？
3. 您好，有什么可以帮您的吗？
4. 您好，欢迎光临，很高兴为您服务！
5. 您好！请问您有什么问题需要咨询呢？我很乐意为您服务！
6. 您好！请问有什么可以为您效劳的？
7. 您好！××珠宝店欢迎您！很高兴为您服务！
8. 王小姐，您好，我是3号客服。很高兴为您服务，有什么可以为您效劳的。
9. 张小姐，您好，欢迎光临××珠宝店，我是3号客服，请问有什么可以帮您？
10. 亲，您好，我是客服××，有什么可以帮您的呢？

如果在沟通的过程中适当加上表情符号,还会让顾客感到十分亲切。

注意:在网络流行语中,由于网络流行文化的影响,有些表情符号,如单独使用"微笑☺""再见🙂"等,还有一些语气词,如单独使用"哦""呵呵""无语"等,有时可能会引起顾客的歧义或误解,建议谨慎使用。

2)准备好常用服务用语

如最常见的"十四字"礼貌用语:您、请、欢迎、对不起、谢谢、没关系、再见,客服人员在服务中应掌握并灵活使用这些礼貌用语。还有"您好!""请问""不好意思哦!""请稍等""多谢支持"等常用礼貌服务用语,要熟练使用。

3)主动热情的接待原则

(1)主动原则。网络营销客服需要仔细从字里行间分析顾客的特点,判断顾客的需求,主动提供针对性的服务,而不是一心二用,思想不集中。网络营销客服需要在实践中主动思考、不断学习,不断摸索和提高服务顾客的技巧。

(2)热情原则。热情指在客服人员接待工作中,热情地对顾客打招呼、介绍商品、回复咨询、适当使用表情等,态度恭敬、耐心、大方、礼貌,能让顾客体会到客服人员真诚的情感,让顾客感受到客服人员的积极性是发自内心的,而不是敷衍了事。

注意:客服人员要掌握好度,主动不等于死缠烂打和节节紧逼,不要主动过度;热情不等于谄媚,要注意观察顾客的反应,不要热情过度;客服人员要有礼有节,但不能低声下气,谦逊过度。

(四)网络营销客服的语言注意事项

作为客服人员,应注意在接待过程中不讲粗话、脏话,另外还有一些需要注意的地方。

1. 避免争辩

在客服与顾客的沟通中出现意见不一致时,请牢记自己的职业是为顾客服务,有理需饶人,没有必要和顾客发生激烈的争辩,更没有必要为了一时之气,而把顾客驳得哑口无言。即使客服暂时赢得了口头的上风,也会失去顾客的信任。

2. 避免质问和命令

如果客服人员用质问、审讯或命令的口气与顾客谈话,是不懂礼貌的表现,也是不尊重人格的反映,这样会伤害顾客的感情和自尊心,不利于销售工作。客服人员最好用征询、协商或请教的语气与顾客沟通。

3. 避免炫耀

对客服工作人员来说,服务态度和服务质量是最重要的。与顾客沟通谈到自己时,要实事求是地介绍,稍加赞美即可,忌自我炫耀业绩、收入,甚至个人的出身、学识、财富、地位等,炫耀过度会引起顾客的反感。

4. 避免直白

客服人员在与顾客沟通时,如果发现顾客在认识上有不对的地方,请不要直截了当地指出。客服可以不提出,也可以采用婉转、委婉的语气提出。

5. 避免批评

当客服人员在与顾客沟通时,与人交谈要多用感谢词、赞美词。如果发现顾客有缺点,忌当面批评和教育;如果确实需要指出顾客的缺点,请注意分寸,要巧妙批评,旁敲侧击。

6. 注意避讳

当客服人员在与顾客沟通时,涉及到中国习俗中需要避讳的地方,如疾病、残疾、死亡等词语,请注意避讳。

7. 避免独白

当客服人员在与顾客沟通时,要多鼓励对方讲话,通过顾客的语言信息,客服可以及时了解顾客的思路、爱好等基本情况,切忌客服一个人自言自语、个人独白。

8. 避免冷谈

当客服人员在与顾客沟通时,要热情和真诚,顾客会从客服的语言文字中感受到这份情感。切忌语言冷冰、用词冷漠,让顾客失望。

9. 避免等的时间太久

当客服人员在与顾客沟通时,要及时回复顾客的咨询,如果让顾客等了5分钟以上,成交的可能性就会极大地降低,因为不少顾客没有足够的耐心等待回复。

10. 避免错别字和文字游戏

网络营销客服是一份正规的职业,网络销售是诚信交易,切忌在进行顾客服务时,随意打字,错别字连篇,这样会让顾客怀疑店铺的专业程度、诚信度和文化程度,更不能为了成交而在文字上面绕弯子,做文字游戏。

三、完成任务

任务1:请按进程完成售前准备工作

请各位网络营销客服人员根据下表中的进程进行售前准备,完成后在表格中填写"是"或者"否"。表格的第8项"其他准备"请根据各店具体情况,填写需要准备的其他内容。

表5-1 网络营销客服售前准备工作进程表

序号	项目	内容	完成情况
1	环境准备	(1)电脑、打印机、条码机等硬件是否能正常启动？	
		(2)网络是否正常？	
		(3)最近是否有病毒入侵？是否及时杀毒？	
		(4)销售平台(如淘宝后台)是否能正常使用？	
		(5)支付平台(如支付宝等)是否能正常使用？	
		(6)电源是否正常？是否有停电通知？是否为雷电天气？	
2	信息准备	(1)是否已全面浏览店铺页面,了解店面现状？	
		(2)是否已查看现有顾客需求？	
		(3)是否已查看交接班记录？	
		(4)是否了解前面工作人员交代的事情？	
3	物质准备	(1)是否全面检查待售商品？	
		(2)待售商品品质、规格是否正常可售？	
		(3)待售商品数量是否充足？有无缺货？	
		(4)包装用品是否充足？	
		(5)计价工具(如计算器、克拉称、卡尺等)是否完好可用？	
		(6)相关资料(如销售票据、鉴定证书等)是否齐全？	
4	资料准备	(1)商品信息图片是否及时更新？	
		(2)商品文字描述是否完整可用？有无错别字？	
		(3)常用客服文字模板是否齐全可用？	
		(4)顾客常见问题答案是否清晰可用？	
5	规则准备	(1)本店铺的交易规则是否明确？	
		(2)物流规则是否明确？	
		(3)退换货规则是否明确？	
		(4)支付规则是否明确？	
		(5)售后服务规则是否明确？	
6	个人准备	(1)是否身体健康,可以从事本工作？	
		(2)是否心情愉悦,已准备好主动、热情地接待顾客？	
		(3)是否有干净、整洁的仪容仪表？	
		(4)是否具备爽朗、利落的工作态度和心情？	
		(5)是否已掌握工作岗位所需的知识和技能？	
7	礼仪准备	(1)是否准备好欢迎语？	
		(2)是否熟练使用常用礼貌用语？	
		(3)是否能主动热情地招待顾客？	
8	其他准备	请根据自己网店具体情况,补充需要的售前准备内容	

任务 2:收集整理"欢迎语"

　　本书中已整理列出了一些可以在工作中使用的网络营销客服欢迎语,为了今后大家工作的便利性,请各位客服人员整理、收集网络营销客服可用的更多的欢迎语,列在空白处,与大家分享,并能灵活运用,为网店服务做好准备。

任务 3:收集整理"网络营销客服忌语"

　　在网络营销客服工作中,有一些忌语不能使用,请各位客服人员及时整理网络营销客服忌语,时时警醒自己,不能随便使用,并与大家一起及时交流。

珠宝首饰类商品售前服务规范

　　对珠宝首饰类商品的售前服务规范,在中华人民共和国国内贸易行业标准《珠宝饰品经营服务规范》(SB/T 10653—2012)中,明确指出:

　(1)对各类经营服务人员,应按照国家有关规定,获得并持有相应资质的证书。

　(2)根据岗位需要,对经营服务人员提供必要的业务技能培训。

　(3)制定具体的经营服务流程和规范。

　(4)明示售后服务的方式、时限、内容、投诉处理流程、争议解决办法等。

　(5)为商品提供说明,真实、准确介绍其性能、品质特点、使用保养方法等。

　(6)商品宣传内容应真实,不得误导、欺骗消费者。

　　尽管网络销售和传统销售的场所有区别,但是珠宝网络销售企业和人员也应对该行业标准遵照执行。

任务 测评

一、知识测评

（一）是非题

1. 珠宝网络营销客服和顾客之间隔着电脑屏幕，客服人员的表情，顾客无法感受到。（   ）

2. 在进行珠宝网店售前准备时，只需要有一台电脑和网络，就可以开始工作了。（   ）

3. 作为珠宝网络营销客服，不能在网络上随意发布抄袭、复制、粘贴涉及侵犯他人知识产权、个人隐私和他人人身权利的信息。（   ）

4. 珠宝网络营销客服需对网络中涉及国家机密、商业机密和顾客机密的信息严格保密，不能随意泄露。（   ）

5. 珠宝网络营销客服在工作时，如有顾客来咨询，在打出欢迎语的同时，如果在沟通的过程中加上适当的表情符号，还会让顾客感到十分亲切。（   ）

（二）单选题

1. 以下不属于珠宝网络营销客服售前准备的内容为（   ）。
   A. 环境准备、信息准备　　　　　　B. 物质准备、资料准备
   C. 个人准备、礼仪准备　　　　　　D. 规则准备、现金准备

2. 售中服务的第一步是（   ）。
   A. 进门问好　　B. 产品推荐　　C. 促成交易　　D. 答复咨询

3. "查单查件"属于（   ）工作内容。
   A. 售前服务　　B. 售中服务　　C. 售后服务　　D. 仓储服务

4. 以下《珠宝饰品经营服务规范》（SB/T 10653—2012）的内容，描述错误的为（   ）。
   A. 销售时应为商品提供说明，真实、准确介绍其性能、品质特点、使用保养方法等
   B. 商品宣传内容应真实，不得误导、欺骗消费者
   C. 工作人员可以不经业务技能培训直接上岗
   D. 明示售后服务的方式、时限、内容、投诉处理流程、争议解决办法等

5. 珠宝网络营销客服在语言上应（   ）。
   A. 尽量与顾客争辩，以争取企业利益
   B. 可以自我炫耀业绩、收入，引起顾客羡慕
   C. 如果发现顾客在认识上有不对的地方，可以直截了当地指出
   D. 在与顾客沟通时，要热情和真诚

二、学习效果测评

1. 您是否了解珠宝网络营销客服的重要性和意义？　　　　　　　　　　　（　　）
  A. 完全了解　　　B. 基本了解　　　C. 基本不了解　　　D. 完全不了解
2. 您是否掌握珠宝网络营销客服工作内容和流程？　　　　　　　　　　　（　　）
  A. 完全掌握　　　B. 基本掌握　　　C. 基本没掌握　　　D. 完全没掌握
3. 您是否能够进行珠宝网店售前准备的具体工作？　　　　　　　　　　　（　　）
  A. 能够　　　　　B. 基本能够　　　C. 基本不会　　　　D. 完全不会
4. 对于本任务的学习，学习成果有哪些？不足有哪些？

知识运用

请在课后运用所学知识，为自己所在的网站或网店进行售前准备工作。

任务二　珠宝网络营销售中服务

珠宝网络营销
售中服务PPT

任务内容

假设您是珠宝网店的客服人员，请根据网店需要完成珠宝网店售中服务工作。

任务目标与要求

1. 了解珠宝网店客服接待的基本流程
2. 掌握珠宝网店售中服务具体接待要求
3. 能够进行珠宝网店售中服务

任务实施

一、课前准备

请浏览一家您感兴趣的珠宝网店,以顾客的身份,思考在珠宝售中活动中,顾客可能关心的问题,观察并分析这些客服人员是如何接待的。

调研网店罗列:

二、知识学习

(一)珠宝网络营销客服接待基本流程

在传统珠宝店中,顾客购买珠宝的心理活动过程一般会经过注视→兴趣→联想→欲望→比较→信心→行动→满足8个心理阶段。在网店接待时,网络客服的接待流程也要根据顾客的心理活动过程和网购流程来进行。

1. 顾客网购的一般流程

在网购时,顾客可能是无意间浏览到珠宝的网页,也可能是有购买需求(如自己佩戴、送礼等)后,在商家各类推广的影响下,有针对性地进行珠宝产品的网页浏览。在进行商品浏览之后,一般顾客会自然地比较各家商品的性价比,在反复咨询过珠宝网络营销客服后,最后决定下单购买;下单后,顾客会选择合适的付款方式,支付货款后等待物流发货、配送;在收到货后,顾客将确认收货,并进行交易评价。顾客网购的一般流程如图5-2所示。

2. 珠宝网络营销客服售中服务的一般接待流程

作为珠宝网店的客服人员,应该熟悉顾客购物的常见流程,再根据自己经营的产品和企业的经验制定出合适的接待流程。合适的接待流程可以提高客服人员的工作效率,协助客服人员尽量减少重复性的失误,使客服工作更加规范、专业,形成严谨的工作作风。

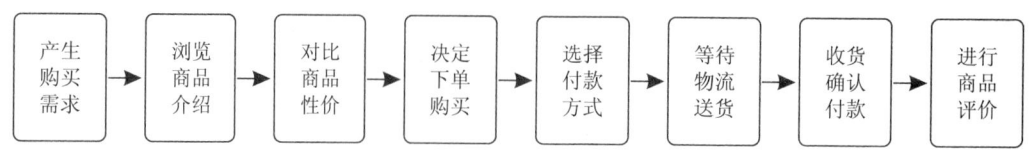

图5-2 顾客网购一般流程

一般来说,珠宝网络营销客服的售中服务常规工作流程主要分为以下8个步骤:进门问好→答复咨询→产品推荐→处理异议→促成交易→确认订单→礼貌告别→下单发货,具体如图5-3所示。

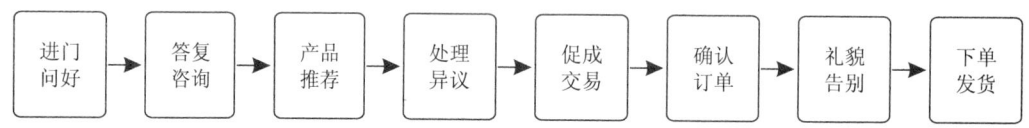

图5-3 网络营销客服常规工作流程

(二)珠宝网店客服售中服务各步骤具体接待要求

1. 进门问好

每一个顾客的呼入,都可能是电商企业花费了大量运营成本后才能得到的。网络营销客服接待要珍惜每一个顾客呼入的机会,把呼入的顾客留住。如果能保持并提高顾客转化率,将能有效提高企业的销售业绩。

概念学习

- 网店顾客呼入:指网店顾客通过在线、电话等各种形式,"呼入"网店客服平台,与客服主动沟通。
- 网店转化率:指所有到达网店并产生购买行为的人数和所有到达店铺访客数的比率。即网店转化率=(产生购买行为的客户人数/访客数)×100%。
- 访客数:指所有到达店铺的人数,包括有效入店人数和跳失人数。
- 有效入店人数:指访问店铺至少两个页面才离开的访客数,或顾客到达店铺,直接点击"收藏""旺旺咨询""购物车""立即订购"后离开店铺都算有效入店人数。
- 有效入店率:即有效入店人数/访客数。
- 跳失人数:指访问店铺一个页面就离开的访客数。
- 跳失率:指跳失人数/访客数,对于一个店铺来说,要尽可能地降低全店的跳失率,增加有效入店人数。
- 旺旺咨询率:指旺旺咨询人数/访客数。

要提高转化率,除了依靠客服本身的职业素养之外,学一些沟通技巧也很重要。进门问好阶段需掌握的一些技巧有:

(1)微笑服务。在接待顾客时,哪怕顾客看不见客服的表情,也要保持心情的愉悦和微笑服务,客服的心情和微笑,会在不经意间流露出来,顾客能够感受到。另外,多用一些合适的表情符号也可以起到一定的效果。

(2)主动设置欢迎语。如果珠宝网络营销客服能主动设置欢迎语,这样顾客一呼入,就能看到欢迎语,即刻能感受到客服的欢迎和诚意。

(3)珍惜顾客呼入时的前6秒。顾客呼入时的前6秒被称为"黄金6秒",客服需要好好把握这6秒,如果给顾客的回复有所拖延,会给顾客被忽视的感觉。

(4)合理使用自动回复。当顾客达到多个(一般3~5个)时,网络营销客服可用事先设定的自动回复答复新顾客,也可在忙碌或离开时使用自动回复。

(5)及时使用安抚性留言。在客服忙碌或离开时,可以选择带有安抚性质的留言,如"客服×××马上为您服务,请稍等片刻",或者选择带有促销性质的留言,如"客服马上回来,自动下单有惊喜""店铺正在有……促销活动,您可以先看一下"等,这样不至于让顾客不耐烦地等待。

(6)正面积极地回答顾客。网络营销客服尽量不要使用负面的、消极的语言,如:"本店不送赠品""不讲价""不包邮""不退换"之类让客人觉得很强硬的词语,给顾客带来不好的印象。

(7)巧妙使用语气词,增加人情味。珠宝网络营销客服可以使用"亲""哦""嗯""呢"等客服常用称呼和语气词,来增加人情味,千万不能冷冰冰地回复顾客。如"不行"和"真的不好意思哦!",前者语气生硬,后者比较活泼;再如"好"和"好的,没问题",前者简单,后者语气更加肯定。注意,应尊重网络习惯,"哦"一词不要单独使用。

(8)站在顾客角度考虑问题。在语言文字上,珠宝网络营销客服需要多站在顾客的角度考虑问题,多用"您""咱们"等词语,少用"我"字,让顾客感觉到客服是站在他(她)的立场上的,是在真心为自己考虑的。

2. 答复咨询

在迎接顾客后,珠宝网络营销客服下一步要做的就是答复各类咨询。在这一阶段,客服人员需要掌握一些技巧,正确设置聊天软件。淘宝网提供的聊天软件主要有旺旺和千牛。其中,旺旺是早期开发的,供商家和买家使用;千牛是针对企业和卖家专门开发的工具,但目前普及不及旺旺。下面以旺旺(图5-4)为例,提供设置上的一些技巧,供参考。

(1)请使用卖家版的旺旺并选择客服工作台设置,这样可以把所有的咨询顾客都罗列在同一个对话框内,减少客服在窗口内来回点选,提高回复咨询的效率。

(2)在"聊天设置"区域,去掉勾选"闪屏振动"这一选项。有的顾客喜欢使用闪屏振

图 5-4 卖家版旺旺

动,这样会对客服工作产生一定的干扰。

(3)去掉勾选"消息提醒""联系人上线""联系人下线"这些选项,这些提醒对客服工作可能会造成一定的干扰。

(4)在卖家客服工作页面上可勾选"顾客等待多少秒后提醒我",尽量减少让顾客等待。

(5)根据店铺经营的商品和顾客经常提问的问题,事先设定好固定的快捷短语备用。客服在使用快捷短语时,需要选择内容精准、有针对性的短语,否则会让顾客有被敷衍的感觉。

(6)客服需要学会使用不同的旺旺表情和手势,来生动、活泼地进行表达。

3. 产品推荐

产品推荐是珠宝网络营销客服通过向顾客展示本店商品特点,陈述性能,比较本店商品优点,激发顾客购买兴趣的过程。客服人员不仅要通过图片、文字、视频等展示商品,还要有针对性地把商品介绍给顾客,通过适当的提示,激发顾客联想,增强购买欲望。在产品推荐阶段,珠宝网络营销客服需要掌握的技巧如下。

1)正确使用客服平台的各种功能,为销售服务

(1)通过查看"消息记录",及时查看该顾客最近聊天记录,了解顾客的需求信息。

(2)可以利用平台自带的发送文件的功能,给顾客发送在线或离线文件,如促销信息、商品资料等。

(3)可以利用平台自带音频和视频通话功能,满足顾客语音交流或视频看货的要求。

(4)巧妙使用"截图"工具,有针对性地描述产品的部位、细节等,辅助交流。

(5)根据需要使用平台上的计算器和记事本功能,及时记录接待情况和需注意的要点,计算优惠折扣和价格。

2)提高产品推荐成功率的技巧

(1)从顾客角度出发,推荐商品。如可以根据顾客的实际年龄、体型、肤色、职业等,为顾客推荐合适的项坠;根据顾客的手指粗细,为顾客推荐合适手寸的戒指。只要是从顾客角度出发,真心地为顾客考虑,客服往往能得到顾客的信任,推荐的成功率会比较高。

(2)关联商品的推荐。如顾客选购珍珠项坠,客服人员可以推荐搭配的项链;如果顾客选购戒指,可以推荐同系列的项坠等。关联商品的推荐,重要的是两样商品之间有共性。

(3)准确、生动地描述出本店产品的优势。如本店产品的货源优势、质量优势、价格优势等。俗话说,不怕不识货,就怕货比货。珠宝网络营销客服可以通过比较,让顾客理解本店商品的优势所在,从而对本店商品产生消费信心。

(4)主动提问,变被动为主动。在传统的接待咨询中,一般都是以顾客提问,客服人员答复咨询为多。但是,为了更好地为顾客服务,了解更多的信息,客服人员要学会抓住时机,主动向顾客提问,以挖掘顾客的真实需求,以提供针对性的服务。客服在询问时,可以采用"三分问,七分听"的方式,主动引导顾客表达出内心真实的想法,判断顾客的需求。

4. 处理异议

在客服和顾客沟通和推荐产品的过程中,顾客可能会产生一些异议。在这里,客服要学会在沟通的过程中,对顾客提出的各种问题进行回应和解释,解决顾客的异议,并促进成交。

1)常见异议类型

顾客在购买珠宝商品时,常见的异议主要有:

(1)对珠宝商品真伪的异议。珠宝是贵重商品,顾客在网上购买商品时,最不放心的就是商品的真伪。在这里,可以用正规珠宝检测站的证书、产品的细节图片、真伪对比说明等方法来证明珠宝的真伪;用销量、其他顾客评价来证明该商品受欢迎的程度。

(2)对珠宝商品品质的异议。如宝玉石中的包裹体,客服人员需要正确解释"天然包裹体是宝玉石的天然特征"这一性质,而不仅仅围绕"包裹体是瑕疵"这样的理解来进行。

(3)对珠宝商品价格的异议。很多顾客购买商品时,喜欢讨价还价。从顾客心理的角度出发,经过讨价还价,哪怕只有一点点优惠,也会有一种成就感。客服人员可以适当地给顾客一点优惠,如小折扣、小赠品等,使顾客得到心理的满足。

(4)对珠宝商品物流安全性的异议。珠宝商品由于体积小,单价高,顾客面对快递时,会比较犹豫,一方面担心包装不够严实,出现商品损坏的现象,另一方面担心贵重的珠宝首饰遗失。在这里,客服一方面可以安全的包装实例来说服顾客;另一方面可以建议顾客选择快递到付、保价、物流保险等方式,确保商品不会遗失(图5-5)。

图 5-5 "东华美钻"天猫旗舰店对物流的承诺示例

2)处理顾客异议时的注意事项

在处理顾客异议时,客服人员还要注意以下两点:

(1)处理顾客异议时,请尽量主动回复,若采用自动回复,这样顾客可能会觉得不够尊重,易引起顾客的反感。

(2)在处理顾客异议时,要注意选择字体、字号,不要用粗体、过于花哨的字体,不要用感叹号,不要使用刺目或特别浅淡的字体颜色,也不要用反问句。因为粗体让人情绪沉重,过于花哨的字体让人感觉不够正式,感叹号表达强烈的情绪,刺目或浅淡的字体颜色会让顾客感到视觉疲劳,反问句含有质疑或攻击对方的意图。

5. 促成交易

促成交易是珠宝销售工作中的"临门一脚",是在线销售的最终目的。在促成交易阶段,珠宝网络营销客服可以根据不同顾客的心理需求,在最后关头推他(她)一把。

1)把握即将成交的时机

(1)话题集中,不断重复同一问题时。当顾客话题集中,不断重复同一问题时,往往表示顾客对该珠宝产品已经很感兴趣了,可能还有点不放心。每当这时,珠宝网络营销客服应该给顾客肯定的答复,打消顾客疑虑。

(2)顾客再次探究宝玉石质量时。当顾客再次探究宝玉石质量时,说明顾客可能已选定了购买对象,只是希望对其质量再做一次确认。此时客服应该把握时机,通过对比、数据、细节图等,强调货真价实,并可通过"7 天无理由退货"等规则,给顾客保障,以促成交易。

(3)顾客进行讨价还价时。当顾客开始讨价还价时,说明顾客对首饰基本满意,已经确定选购此款首饰了,珠宝网络营销客服应该珍惜机会,适当给顾客一点优惠,以完成销售。

(4)顾客询问首饰保养和售后服务时。当顾客开始关心首饰保养和售后服务时,珠宝网络营销客服应明白此项交易可能快要实现了,应该耐心、细致地为顾客讲解,使顾客无后顾之忧。

2)"临门一脚",促成交易

当顾客表现出想购买的信号时,珠宝网络营销客服需要及时作出反应,促成交易。主要方法有:

(1)主动请求购买法。如当顾客对某件珠宝首饰有全面的了解后,珠宝网络营销客服可以主动请求,如"您看,这款珍珠耳钉品质很难得,您要不要买一个?"只要珠宝网络营销客服对自己的商品充满信心,主动请求顾客购买没有什么不好意思的,反而是珠宝网络营销客服的信心促使顾客购买。

(2)选择购买法。当顾客在两款首饰间拿不定主意时,珠宝网络营销客服可以站在顾客的角度,用含蓄的方法替顾客直接选择。如"您喜欢红宝石还是祖母绿?我看祖母绿更适合您的气质。"

(3)假设购买法。当顾客不知道是否需要购买时,珠宝网络营销客服可以替顾客假设佩戴后的场景,如"亲,您戴上这款手镯就像大明星一样哦!"这种假设会激发顾客对自己佩戴效果的想象,让顾客眼前浮现出自己佩戴该款手镯,像大明星一样的场景,从而促进成交。

(4)优惠购买法。当顾客犹豫不决时,珠宝网络营销客服可以再给顾客一点优惠,强调这个优惠的有限性,如"亲,今天下单我可以再送您神秘赠品哦!"以促进销售。

(5)扬长避短法。当顾客对首饰的缺点、瑕疵有所顾虑时,珠宝网络营销客服需要采用扬长避短法,如"珍珠上的这个小瑕疵,打孔就可以去掉的,不必担心哦,亲。"

(6)数量有限法。珠宝网络营销客服可以通过数量限制,提醒顾客尽快下单,如"只剩最后几件了哦,亲。"

(7)立即发货法。顾客一般下单后都想快速拿到商品,网店客服可以强调这一点,如"亲,您现在下单,我立即发货,明天就可以收到了哦!"

6. 确认订单

确认订单这一步骤常常被忽略,但却是非常重要的一个步骤。通过确认订单,珠宝网络营销客服可以核对双方对订单的理解是否一致,可以对重要内容进行强调,还可以表达客服对订单的重视。在确定订单阶段,客服人员需要注意的是:

(1)遵循"KISS"(Keep It Short and Simple)原则,即确定订单阶段,语言应该简明扼要,不能拖沓冗长。

(2)及时确认顾客订单的内容、实际购物清单。

(3)及时确认顾客是否有特殊要求,并在能力处理范围内为顾客做好标注。

(4)及时确认物流方式,确认顾客地址。

(5)对有疑问的地方,要按程序认真进行比对,得到顾客确认。

7. 礼貌告别

礼貌道别是在线销售工作的收尾阶段,暗示顾客结束该话题。在礼貌道别阶段,需要根据顾客是否成交来分别进行。常用的礼貌道别用语如下。

> 对已成交顾客:
> 1."合作愉快!"
> 2."期待能再次为您服务。"
> 3."亲,感谢您购买本店的商品。欢迎下次光临!"
> 4."不客气哦,祝您购物愉快!"
> 5."感谢您的信任,我们会尽心尽力为您服务!"
> 6."感谢您的惠顾,我们会尽快发货哦!"
>
> 对没有成交的顾客:
> 1."亲,祝您购物愉快,很高兴为您服务哦!"
> 2."随时准备为您服务哦!"
> 3."没关系,您考虑好了记得联系我哦!"
> 4."为了更好地为您服务,可以加我为好友哦!"

对已成交的顾客,礼貌道别可以给顾客留下良好的印象,加深购物的愉悦感,有利于顾客好评和下次继续购物。对没有成交的顾客,礼貌道别时,客服要给顾客留出考虑的空间,步步紧逼会适得其反;告别前适度再努力一下,为下次交易留下机会;可以将有意向的顾客加为好友,以备下次跟进。客服还可以将不同的顾客进行分组,设置重要级别,以备今后继续推荐和发送促销推广信息等。

8. 下单发货

下单发货是工作流程的交接步骤,一般是把已经付款的有效订单录入到 ERP 订单管理系统中去,以便其他工作人员打印发货单,进入发货流程。

概念学习

ERP 订单管理系统

ERP 是企业资源计划(Enterprise Resource Planning)的简称,是指建立在信息技术基础上,以系统化的管理思想,为企业决策层及员工提供决策运行手段的管理平台,是物资资源管理(物流)、人力资源管理(人流)、财务资源管理(财流)、信息资源管理(信息流)集成一体化的企业管理软件。

下单发货阶段的一些重要内容有：

(1)下单发货前，客服需再次审核订单细节、顾客的特殊要求等，尽可能不出差错，为顾客做好服务。

(2)下单发货前，如果同一顾客、同一账号分批购买了商品，客服可以在咨询过顾客后，及时合并，并将省出的邮费，及时返还顾客。

(3)下单发货时，客服要注意网络安全。如有的顾客有两个账号，请一定发货到拍下的账号地址中，或经拍下的账号确认的地址中，不要随意更改；顾客要求改发货地址时，注意查看历史聊天记录，避免冒充账号进行诈骗。

三、完成任务

任务 1：请在电商平台上进行珠宝网络营销客服售中服务实践

请分析珠宝网络营销客服推荐成功和失败的案例各 1 个，并写下心得体会（可以是自己作为珠宝网络营销客服实践的案例，也可以是其他客服的案例）。

任务 2：收集整理珠宝网络销售常见问题

请在珠宝网络营销客服售中活动中，收集顾客对珠宝网店的常见问题，并整理最佳回答，以备今后工作中参考。

珠宝首饰类商品售中服务规范

对珠宝首饰类商品的售中服务规范，在《珠宝饰品经营服务规范》(SB/T 10653—2012)中，明确指出：

(1)所售商品应明码实价，杜绝以假充真、以次充好的行为。

(2)销售过程中，应按需配置相关器具，如放大镜、电子秤、热导仪等。

(3)销售人员应熟悉所售商品的特性、质量标准及计价单位和单价等，正确向销售者做商品介绍,解答询问,协助选购。

(4)提供商品销售单据(含发票),准确填写商品名称、数量、材质、纯度、品质、质量、价格,并由消费者确认。

(5)销售时有商品改动的应分别登记,写明更改前后的质量、规格、等级等特征。

(6)个性化定制商品时,应与消费者明确约定定制要求,按约定提供商品和服务。

以上珠宝首饰售中服务规范,网络营销客服应根据珠宝网络销售的特点,遵照执行。

任务 测评

一、知识测评

(一)是非题

1.顾客购买珠宝的心理活动过程一般会经过注视→兴趣→联想→欲望→比较→信心→行动→满足8个心理阶段。   (   )

2.珠宝网络营销客服工作流程主要分为8个步骤:进门问好→产品推荐→答复咨询→处理异议→促成交易→确认订单→下单发货→礼貌告别。   (   )

3.如果珠宝网络营销客服能主动设置欢迎语,这样顾客一呼入,就能看到欢迎语,即刻感受到客服的欢迎和诚意。   (   )

4.在确定订单阶段,要遵循"KISS"(Keep It Short and Simple)原则,即语言应该简明扼要,不能拖沓冗长。   (   )

5.个性化定制商品时,应与消费者明确约定定制要求,按约定提供商品和服务。
                                                              (   )

(二)单选题

1.顾客呼入时的前(   )秒被称为"黄金(   )秒",客服需要好好把握。

A.4秒   B.6秒   C.8秒   D.10秒

2.售中服务的第一步是(   )。

A.进门问好   B.产品推荐   C.促成交易   D.答复咨询

3.在处理异议时,对珠宝商品真伪的异议,采用下面哪个处理方法不合适?(   )

A.正规珠宝检测站的证书   B.产品的细节图片

C.真伪对比说明   D.销售员言之凿凿的保证

4.当顾客表现出想购买的信号时,网络客服需要及时作出反应,促成交易。以下促成交易的方法中,不正确的是(   )。

A.催促下单法   B.数量有限法

C.优惠购买法   D.立即发货法

5. ERP是(   )的简称。

A. 商店销售计划　　　　　　　　B. 商店仓储系统
C. 企业管理系统　　　　　　　　D. 企业资源计划

二、学习效果测评

1. 您是否了解珠宝网店客服接待的基本流程？　　　　　　　　　　　　（　　）
   A. 完全理解　　B. 基本理解　　C. 基本不理解　　D. 完全不理解
2. 您是否掌握了珠宝网店售中服务具体接待要求？　　　　　　　　　　（　　）
   A. 完全掌握　　B. 基本掌握　　C. 基本没掌握　　D. 完全没掌握
3. 您是否能够进行珠宝网店售中服务？　　　　　　　　　　　　　　　（　　）
   A. 能够　　　　B. 基本能够　　C. 基本不会　　　D. 完全不会
4. 对于本任务的学习，学习成果有哪些？不足有哪些？

知识运用

请在课后运用所学知识，为自己所负责网店进行售中服务工作。

任务三　珠宝网络营销售后服务

珠宝网络营销
售后服务PPT

任务内容

假设您是珠宝网店的客服人员，请按规范完成珠宝网络营销售后服务工作。

任务目标与要求

1. 掌握珠宝网店正常交易的售后服务要求
2. 掌握珠宝网店有纠纷交易的售后服务要求
3. 了解珠宝网店顾客关系维护的要求

任务实施

一、课前准备

> 您在网络购物时,遇到过令您不满意或者特别满意的售后服务体验吗?请分析原因。

二、知识学习

售后服务,指在商品出售以后所提供的各种服务活动。在珠宝销售工作中,并不是说把商品销售出去,销售任务就算完成了。在现在的销售理念中,售后服务是销售工作之后最重要的环节。优质的售后服务可以消除消费者购买珠宝首饰的后顾之忧,为顾客提供消费保障,同时也能提高消费者的满意程度,提高好评度,影响企业保持或扩大市场份额。

在珠宝网络营销售后服务工作中,客服人员应熟悉售后服务的内容、流程和工具的使用,掌握售后服务的一些技巧和方法。珠宝网络营销售后服务的日常工作主要有三类:正常交易的售后服务、有纠纷交易的售后服务和售后顾客关系维护。主要工作内容如图 5-6 所示。

正常交易	有纠纷交易	顾客关系维护
·查单查件 ·维护评价	·产品纠纷 ·物流纠纷 ·态度纠纷	·维护步骤 ·应用RFM模型

图 5-6 珠宝网络营销售后服务日常工作内容

(一)正常交易的售后服务

对正常交易,售后服务的日常工作主要有正常发货流程后的查单查件、管理一般用户的售后评价,对某些评价及时作出相应的解释等。

1. 查单查件

查单查件分为顾客主动呼入查单和因为特殊情况造成物流异常查单。查单查件的要求是"快""热""诚"。

(1)"快"指快速反应。客服人员需要尽快在顾客呼入的前6秒内及时回复,才能安抚顾客焦急的情绪。

(2)"热"指热情回复。在售后服务时,客服人员需要比售中服务更热情、更耐心,这样可以化解顾客由于物流异常等产生的负面情绪。

(3)"诚"指以诚相待。客服人员要多了解外界新闻和天气等自然因素,当遇天气等不可抗力因素,可以主动告知顾客,以取得顾客谅解。

2. 设置短信提醒功能"物流提醒"

开通这项服务后,系统可以自动给顾客发短信提醒物流信息,减少顾客的主动查单量。

3. 管理一般用户售后评价

顾客在收到货后,一般都会对该项商品给予评价。顾客的评价可能是好评,也可能是中评或差评。

1)对正面的评价

对待好评,客服人员不能沾沾自喜,而应该再接再厉,努力把工作做得更好。在好评回复上,客服人员可以挑选一些特别好的正面评价来做特别回复(图5-7),一方面可以给这类顾客鼓励和关怀,使他们成为企业潜在的忠实顾客;另一方面也可以给后来的新顾客良好的印象。

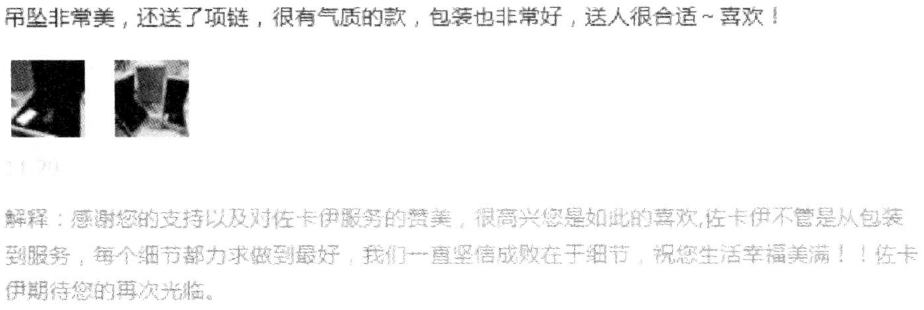

吊坠非常美,还送了项链,很有气质的款,包装也非常好,送人很合适~喜欢!

解释:感谢您的支持以及对佐卡伊服务的赞美,很高兴您是如此的喜欢,佐卡伊不管是从包装到服务,每个细节都力求做到最好,我们一直坚信成败在于细节,祝您生活幸福美满!!佐卡伊期待您的再次光临。

图5-7 "佐卡伊"天猫旗舰店客服对正面评价的回复

2)对负面的评价

客服人员要正确认识负面评价,而不是一味的辩解、抵抗和还击。对负面评价,正确的态度是"有则改之,无则加勉"。一方面,客服可以就负面评价中反映的问题,进行自查和反省,避免下次再出现类似问题;另一方面,客服需要及时对负面评价进行解释和维护,扭转不良印象。对确实是本店商品出现的问题,客服人员要虚心与顾客积极沟通,真诚道歉(图5-8)。

[掌柜回复]这位买家您好,宝贝纯手工打磨,光洁如镜,质感舒适,质量保证的哦,祝您购物愉快!

图 5-8　某珠宝网店客服对负面评价的回复

4. 评价维护时的注意事项

(1)评价属于公开信息,客服对评价的解释所有顾客都能看到,客服在进行评价解释时用语一定要专业,态度要有礼貌、有涵养。

(2)当负面评价很详细时,客服的文字也要相应增多、全面,以引起其他顾客的注意,在文字上委婉地解释清楚问题,尽量扭转因负面评价带来的不良影响。

(3)在负面评价维护时,客服人员需要遵守电商平台(如淘宝)的规则,不能在网上辱骂、指责顾客,更不能把顾客的姓名、地址等隐私公布出来;同时,也不能凭一时之气,线下骚扰顾客修改中、差评,否则,可能会违反法律。

(二)有纠纷交易的售后服务

1. 交易纠纷的内容

在销售的过程中,有时会由于顾客的种种不满,产生交易纠纷。交易纠纷主要分为产品纠纷、物流纠纷、服务态度纠纷三类,需要区别对待。

1)产品纠纷

产品纠纷指因产品质量而引起的有关顾客和网店之间的争执。在珠宝首饰类产品中,主要是顾客针对珠宝产品的品牌、品质、真伪、重量、成色、等级、尺寸、产地等相关因素产生质疑而导致的纠纷,有时也会因为顾客对产品期望值过高,或网店对产品描述过于夸大引起的。处理产品纠纷时,需注意以下几点。

(1)网页描述和客服导购时,需尽量实事求是,避免夸大其词。

(2)对一些易造成误会的细节,客服人员需提前向顾客说明,以避免引起纠纷。

(3)当纠纷发生后,客服人员需冷静分析、耐心引导;安抚顾客时,客服的语气要委婉。

(4)对确实是产品真伪或品质有问题的纠纷,客服需请顾客提供照片或者证明,按程序进行退货或退款。

(5)由于顾客对产品的误解产生的纠纷,客服人员可以利用自己的专业知识,正确解释产品的特性。

(6)由于顾客使用或保养不当造成的纠纷,客服人员需予以解释,并介绍正确的使用和保养方法。

(7)对产品纠纷,客服人员可视情况给予顾客一定安抚,如免费维修、保养、再次购物时的折扣券等,及时打消顾客的怒气。

(8)在产品纠纷中,如果是卖家的责任,建议客服人员放低姿态,退款或退货;如果是顾客胡搅蛮缠、过度维权,客服人员也要及时收集证据,如截图、拍照等,请仲裁部门进行处理。

2)物流纠纷

物流纠纷是由于顾客对物流方式、包装情况、物流费用、物流时间、快递员态度等发生质疑引起的纠纷。处理物流纠纷时,需注意以下几点。

(1)对物流方式的纠纷。一般情况下,物流公司由卖家选择,如果卖家在售中由顾客选择物流公司,或者顾客事先确认过物流公司,可能会减少对物流方式的纠纷。

(2)对包装情况的不满。卖家本身在发货前应反复研究,选用严实、牢固、安全的包装方式,如果确实遇到了因包装破损、野蛮操作等造成的产品损失,卖家可以先行赔付,然后保留证据,及时向物流公司保价赔偿。

(3)对物流费用的纠纷。对是否包邮、不同原因退换货时邮费的责任方等,事先如果明示,可以减少类似纠纷的产生。

(4)对物流时间的纠纷。客服人员应该主动、积极地与物流公司联系,替顾客查询具体情况,并及时安抚顾客。

(5)对快递员态度问题的纠纷。卖家可以对快递员态度问题进行投诉,也可以在了解具体情况后,在快递公司选择时主动提醒顾客,建议选择其他公司。

3)态度纠纷

态度纠纷主要是顾客对售中服务、售后服务,甚至快递员的态度产生质疑而导致的纠纷,有时也会因客服沟通能力或误会引起。对于态度纠纷,可根据纠纷交易是否进入投诉维权程序来分别处理。

(1)对尚未进入投诉维权处理流程的交易纠纷。对待这类纠纷,客服人员需注意的是:需快速反应,不让顾客焦急等待;态度要好,诚恳道歉,以取得顾客谅解;认真倾听,有时顾客把牢骚和怒气发出来,心里会舒服一点;待顾客平静一点后,客服人员可以适当安抚和解释,站在顾客的立场上为自己说话;提供一个以上的补救措施供顾客选择;采取措施后,执行措施要及时,并一定要跟进,以求得反馈。

(2)对投诉维权已生成的交易纠纷。客服人员应对店铺的投诉维权情况有一定敏感度,主动关心,每天登录电商平台后,主动关注"投诉/举报提醒"区域,看看是否有新的投诉产生。

当收到投诉后,客服人员应第一时间回复该投诉,有礼有节地说明问题,有理有据地解释发生误会的原因,并保持聊天记录、交易记录及截图等,只要事实证据充分,电商平台仲裁人员会做出合理的仲裁。

2. 处理交易纠纷的原则

无论哪一类交易纠纷,在处理时有一些基本原则,主要如下:

(1)正确认识顾客抱怨。顾客在购买商品时,产生抱怨是很正常的,客服人员如能将心比心、设身处地为顾客着想,就能自然而然以平常心去看待顾客的抱怨,这样,客服人员在面对顾客抱怨时,就能保持冷静。

另外,客服人员还需认识到,顾客有抱怨正说明了服务工作尚有不足之处,需要改进,客服人员应学会分析抱怨产生的原因,有效预防抱怨的发生。

(2)主动的原则。指客服人员面对顾客的抱怨或纠纷时,能主动面对,积极寻求解决办法,而不是一味推诿、解释,哪怕是顾客自身的原因,也要认真倾听,让顾客把牢骚发完,然后再耐心地解释说服。

(3)妥协的原则。指客服人员在处理纠纷时,要适当妥协,对顾客的要求和观点做适当的认可和让步,给顾客一点实际的优惠,看顾客是否满意。

(4)不直接拒绝原则。在处理交易纠纷时,客服人员最好不要直接拒绝顾客,不与顾客争吵、争辩,不打断顾客,不批评、讽刺顾客。如果顾客确实有错,可以暗示顾客有错,而不是一味地强调自己是正确的。

(5)分级处理原则。简单的交易纠纷,一般客服人员可以直接处理掉;对疑难问题,可以请资深客服或主管来进行处理;对很难处理的问题,可以请店长或老板出来处理,这样会让顾客有重视的感觉,再配合一定的优惠政策或补偿方案,就基本可以解决问题了。

(6)制度明示原则。店铺的一些制度最好能明示,提前告知顾客,如"7天无理由退换货""不接受到付退货件"等,这样可以避免一些纠纷的发生。

(三)售后顾客关系维护

1. 新顾客、老顾客的成长路径和差异

一个新顾客通过广告或搜索进入网店的页面,一般需要反复对比价格、样式、信誉、销量、评价等,经过客服咨询、讨价还价等,最后才可能购买,在验货、支付后,还可能因为质量、物流、服务态度等发生一系列交易纠纷。

老顾客可能因为采购需要,或促销、店内活动等再次进店,因为有过购买经历,所以会对网店的产品与服务比较信任,一般简单咨询甚至不咨询就可能直接下单,售后纠纷也会较少,评价一般也会很高。图5-9就是新顾客成长为老顾客的路径图。

在电商平台上,每一次新顾客的访问、咨询、下单等,都需要耗费大量的广告成本与人力成本。而老顾客相比新顾客,购物过程相对简化、所需服务也较少。如果网店能吸引老顾客再次购买,服务成本将会比开发新顾客大大降低。所以如果网店能做好客户

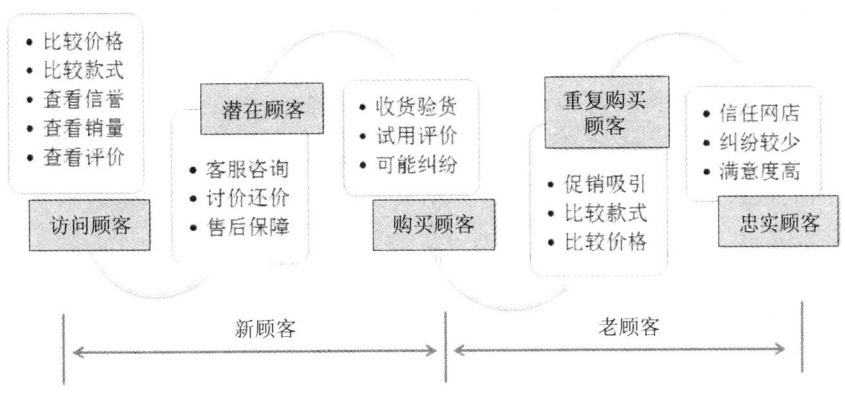

图 5-9 新顾客和老顾客的成长路径图

售后关系维护，就可以提高客户黏合度，吸引顾客多次购买，成为忠实顾客，为进一步做 CRM 客户营销打下良好的基础。

> • 顾客黏合度
>
> 也叫用户黏合度，指顾客（用户）对某项事物产生依赖感，在该项事物没有消失的情况下，希望能更好地使用下去，一般情况下，这些事物对用户都触发过很好的效益，包括精神上和使用上等。
>
> • CRM
>
> 即 Customer Relationship Management，字面意思是顾客关系管理。指企业利用信息技术来协调企业与顾客间在销售、营销和服务上的交互，向顾客提供创新式、个性化的顾客服务的过程，最终目标是吸引新顾客、保留老顾客以及将已有顾客转化为忠实顾客。

2. 顾客关系管理的步骤

目前网店做好顾客管理的步骤一般为：积累顾客资料→设置顾客等级→顾客分类→顾客关怀（图 5-10）。

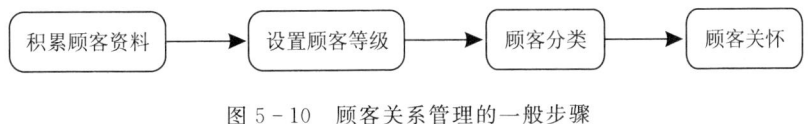

图 5-10 顾客关系管理的一般步骤

（1）积累顾客资料。在顾客关系管理中，网店可以用 Excel 表格建立顾客档案，或运用 CRM 顾客管理软件建立顾客数据库。一般来说，珠宝网店需要收集的顾客资料有：

性别、年龄、地址、电话、邮箱、生日、收入状况、性格、兴趣爱好、家庭状况、购物时间、购物频率、购买记录,这些资料收集得越全面,后期的管理就越有效。

(2)设置顾客等级。网店可以根据顾客购买商品的情况,如消费次数、消费金额、单价、回头率等,为顾客划分忠诚度等级,进行顾客标签创建和 VIP 等级设置,对不同顾客,给予不同的优惠设置。以淘宝后台管理工具为例,顾客等级可以有普通会员、高级会员、VIP 会员、至尊 VIP 4 个等级,网店可以根据消费金额和消费次数进行会员等级设置。

(3)顾客分类。网店可根据顾客购买金额、频率、周期等,对顾客进行分类管理和精准营销。如可以建立 VIP 旺旺群,安排专员进行维护等。

(4)顾客关怀。老顾客的回头率与网店的品牌、产品、创新、VIP 优惠、促销、商品、服务、回访等有关。因此,网店可以通过邮件、旺旺、QQ、短信、电话回访、生日祝贺、节假日祝贺、购买提醒、促销宣传等方式进行顾客关怀和营销。

在网店进行 CRM 顾客管理时,常用的顾客管理工具有淘宝网店的后台会员关系管理工具、网店版淘关怀、淘宝开发平台中的第三方企业提供的顾客关系管理软件、淘宝SNS 工具"掌柜说"、淘宝帮派、阿里旺旺群或网店自建的独立社区网站等。各网店可以根据自己的需要选择使用。

3. RFM 模型在顾客关系管理中的应用

在 CRM 顾客管理中,广泛应用到 RFM 模型。RFM 模型是衡量顾客价值和顾客创利能力的重要工具和手段。该模型通过分析顾客的近期购买行为(Recency)、购买的总体频率(Frequency)及消费多少(Monetary)三项指标,来描述该顾客的价值情况(图 5 - 11)。

图 5 - 11　RFM 模型的主要内容

(1)最近一次消费 R(Recency)。顾客最近一次购买,离现在有多久,是几天前,还是几个月前。理论上,上一次消费离现在较近的顾客应该是比较好的顾客,对网店能提供的商品或服务也最可能有所反应。

(2)消费频率 F(Frequency)。指顾客在限定的期间内所购买的次数。最常购买的顾客,一般是满意度最高的顾客。

(3)消费金额 M(Monetary)。消费金额是数据库报告中最重要的数据,根据"二八法则",企业 80% 的收入可能来自 20% 的顾客。所以在 RFM 模型中,消费金额非常重要。

电商企业可以通过分析RFM模型中的数据,对客户进行分类,并应用到顾客关系管理中。

三、完成任务

任务1:请在珠宝网店进行正常交易的售后服务实践

请总结您处理中、差评的优秀案例各1个。

任务2:请在珠宝网店进行交易纠纷处理实践,包括产品纠纷、物流纠纷、态度纠纷等

请总结您进行交易纠纷处理的优秀案例。

任务3:请在电商服务平台进行客户关系管理实践

请总结您进行客户关系管理的优秀案例。

珠宝首饰类商品售后服务规范

对珠宝首饰类商品的售后服务规范,在《珠宝饰品经营服务规范》(SB/T 10653—2012)中,明确指出:

1. 根据所售商品类别不同制定相应的售后服务内容,可向消费者提供商品售后服务信誉卡。

2. 开展以旧换新业务时,应向消费者明示调换规定和收费规定,并当面复核、确认和记录商品名称、材料、数量、纯度、品质、质量、合格证、鉴定证书、价格等。

3. 维修服务应遵循以下原则:

(1)对有瑕疵的贵金属饰品应至少提供3个月的免费保修期;对珠宝玉石类饰品应至少

提供 12 个月的免费保修期。

(2) 保修期后所涉及的材料费和加工费等应合理收取并明码实价。

(3) 应把送修商品维修时可能产生的变化向消费者说明，在征得同意后方可进行维修。

(4) 需改款的商品须经经营者、消费者双方共同确认后方可进行。

4. 所售商品应确定退、换货的条件和时限要求，并明示退、换货承诺及其制度。如发生贵金属材料不符合 GB 11887、QB/T 1690，珠宝玉石的命名等级不符合 GB/T 16552、GB/T 16553，钻石等级不符合 GB/T 16554 等的规定，或不符合已明示的企业标准的规定，及在保修期内因同一品质问题经过两次修理仍不能解决的，应给予消费者退、换货，并按相关规定处理。

5. 在商品维修或改动后发生质量、品质等方面争议，应先按国家相关标准处理，如无标准的由双方协商解决。协商不成的，由具备资质的第三方检验机构检测，费用由责任方承担。

6. 设立消费者信息反馈渠道，以改进商品的设计和品质，提升服务水平。

7. 在维修中发生商品称重差异，按国家相关标准处理，如无标准的由双方协商解决。

8. 建立消费者信息管理系统，维护顾客关系，提高消费者满意度。消费者满意度测评按 SB/T 10409 执行。

9. 对企业售后服务水平的综合评价按 SB/T 10401 执行。

以上珠宝首饰售后服务规范，网络营销客服应根据网络销售的特点，遵照执行。

任务 测评

一、知识测评

(一) 是非题

1. 评价属于公开信息，客服对评价的解释所有顾客都能看到，客服在进行评价解释时用语一定要专业，态度要有礼貌、有涵养。　　　　　　　　　　　　　　　　(　)

2. 客服人员面对顾客的抱怨或纠纷时，应主动面对，积极寻求解决办法，而不是一味推诿、解释，哪怕是顾客自身的原因，也要认真倾听，让顾客把牢骚发完，然后再耐心地解释说服。　　　　　　　　　　　　　　　　　　　　　　　　　　　　(　)

3. 如果网店能吸引老顾客再次购买，服务成本将会比开发新顾客大大降低。(　)

4. 用户黏合度，指客户(用户)对某项事物产生依赖感，在该项事物没有消失的情况下，希望能更好的使用下去。　　　　　　　　　　　　　　　　　　　　　(　)

5. RFM 模型是分析顾客的近期购买行为(Recency)、购买的总体频率(Frequency)及消费多少(Monetary)三项指标。　　　　　　　　　　　　　　　　　　　(　)

(二) 单选题

1. 顾客针对产品的品牌、品质、真伪、重量、成色、等级、尺寸、产地等相关因素产生质疑而导致的纠纷属于( )。
   A.产品纠纷　　　　B.物流纠纷　　　　C.态度纠纷　　　　D.规则纠纷
2.查单查件的要求是( )。
   A."慢""稳""准"　　　　B."快""热""诚"
   C."慢""热""诚"　　　　D."快""稳""准"
3.CRM指( )。
   A.商品质量管理　　B.商品仓储管理　　C.顾客关系管理　　D.顾客数量管理
4.对珠宝玉石类饰品应至少提供( )的免费保修期。
   A.1个月　　　　　B.3个月　　　　　C.6个月　　　　　D.1年
5.对有瑕疵的贵金属饰品应至少提供( )的免费保修期。
   A.1个月　　　　　B.3个月　　　　　C.6个月　　　　　D.1年

二、学习效果测评
1.您是否掌握珠宝网店正常交易的售后服务要求？　　　　　　　　　　( )
   A.完全掌握　　　B.基本掌握　　　C.基本没掌握　　　D.完全没掌握
2.您是否掌握珠宝网店有纠纷交易的售后服务要求？　　　　　　　　( )
   A.完全掌握　　　B.基本掌握　　　C.基本没掌握　　　D.完全没掌握
3.您是否掌握珠宝网店顾客关系维护的要求？　　　　　　　　　　　( )
   A.完全掌握　　　B.基本掌握　　　C.基本没掌握　　　D.完全没掌握
4.对于本任务的学习,学习成果有哪些？不足有哪些？

知识运用

请在课后运用所学知识,为自己所负责的珠宝网店进行售后服务工作。

项目六

珠宝网络营销推广

项目简介

珠宝网络营销推广是以互联网为媒介的一种推广方式,是在网上把自己的产品或者服务利用网络手段推广出去。假如你是珠宝企业营销部门员工,学习用常见网络营销推广模式进行珠宝网络营销推广,并能写出微信、微博等营销推广工作计划。

项目知识目标

1. 了解常见珠宝网络营销推广模式
2. 熟悉珠宝微信营销推广的方法
3. 熟悉珠宝微博营销推广的方法

项目能力目标

1. 学会使用珠宝网络营销推广模式
2. 能够使用微信进行珠宝网络营销推广
3. 能够使用微博进行珠宝网络营销推广

项目素质目标

1. 具有较强的销售能力
2. 对社会热点有较强的敏感性和分析能力
3. 有较强的文字写作能力和页面策划能力
4. 有一定的管理能力,对品牌营销有一定的见解

项目六　珠宝网络营销推广

项目 任务安排

任务一　珠宝网络营销推广模式
任务二　珠宝微信营销推广
任务三　珠宝微博营销推广
任务四　珠宝 KOL 营销推广

任务一　珠宝网络营销推广模式

珠宝网络营销
推广模式PPT

任务 内容

假如您是某珠宝企业网络营销部门的员工，您将选择怎样的模式进行珠宝网络营销推广？

任务 目标与要求

1. 了解网络营销推广的概念与网络营销的区别
2. 熟悉珠宝网络营销推广的优势
3. 掌握常见珠宝网络营销的推广模式

任务 实施

一、课前准备

思考：请思考珠宝企业应如何进行珠宝网络营销推广？有哪些方式？

二、知识学习

（一）网络营销推广概述

网络营销推广就是利用互联网进行宣传推广活动。网络营销推广的载体是互联网，注重的是通过网络营销推广后，提高企业的网站、网店等网络营销载体的流量、排名、访问量、注册量等，扩大企业及其产品的知名度和影响力。网络营销推广是网络营销的核心工作。

珠宝行业属于比较特殊的行业，其品牌主导占据重要部分，珠宝还具有单价高、购买周期长等特点。相较于传统的营销推广，珠宝网络营销具有能够迅速推广品牌，增强企业品牌知名度；能够采取针对性的推广方式，有效提高客户转化率；降低营销信息传播成本的特点。

（二）常见网络营销推广模式

网络营销推广的重点在于销售前的推广和宣传，根据推广方式的不同，形成了不同的网络营销推广模式，常见的有社会化媒体、网络广告、口碑、事件、搜索引擎、视频、直播及电子邮件等营销推广。

1. 社会化媒体

目前互联网已经进入新媒体传播时代，社会化媒体是一种新型的媒体方式，主要通过互联网技术实现信息的分享与传播。社会化媒体营销工具包括论坛、微博、微信、博客、SNS社区、图片和视频、QQ、问答以及百科等，通过自媒体平台或者组织媒体平台进行发布和传播营销内容。

在网络时代占有重要地位的社会化媒体正在快速发展，而且以社交媒体为基础的社会化媒体营销正在成为未来企业营销的主流，如图6-1所示。目前珠宝网络营销主要采用的社会化媒体营销推广模式有微博、微信、SNS网站和论坛等。这里主要介绍SNS网站和论坛营销推广，微博和微信营销推广将在后面专门介绍。

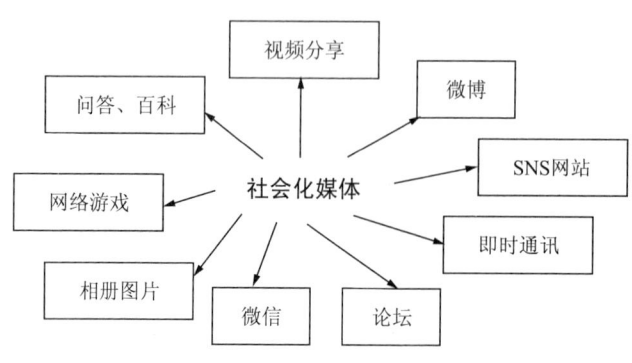

图6-1 社会化媒体表现

1) SNS网站营销推广

SNS，全称 Social Networking Services，即社会性网络服务，旨在帮助人们建立社会性网络的互联网应用服务。人人网（校内网）、开心网、51.com、白社会等均为SNS平台的典型代表。

SNS网站营销推广就是利用SNS网站的分享和共享功能来实现商业目的的一种营销推广方式。在选择SNS进行营销推广时最好选择具有群组模块的社区。因为小组可以累积到同兴趣的用户，也会有很多领袖意见存在，小组也是很好的营销推广资源。

选择好社区后，就要培养属于自己的品牌群组，通过活动的形式为网站添加小组的人气，有了属于自己的品牌群组之后，这个小组的组员都会是你传播品牌最好的渠道。同时，随着品牌小组人气的不断上升，品牌在整个社区当中的影响力就会得到展现，从而会有更多的人了解到你的品牌，这是一个非常好的良性循环。

目前，不少珠宝公司正积极开拓这方面的营销推广。搜狐白社会推出一款原创手机类游戏《珠宝大师》，并与索钻珠宝合作，推出了以情人节为主题的活动——"打造你的璀璨珠宝"。玩家通过游戏打造首饰并赠送好友，最后赠出最多的玩家将得到该珠宝公司真实的宝石项链、戒指等。由此可见，社交网站所具有的参与性、互动性、主题特定性等特点，是开展营销推广活动的优势。

2) 论坛营销推广

论坛营销推广是以论坛为媒介，参与论坛讨论，建立知名度和权威度，并同时推广相关产品或服务的网络营销推广活动。论坛营销推广属于最有效的免费推广方式之一，通过文字、图片、视频等方式在论坛上发布企业的产品和服务信息，可以让目标客户更加深刻地了解企业的产品和服务，最终达到宣传企业品牌、加深品牌市场认知度的目的。论坛营销推广需要不断地参与回答问题、参与论坛活动，花费的时间比较多，因此，做好论坛营销推广要掌握以下技巧。

(1) 要找到目标市场高度集中的行业论坛。论坛都是按行业或兴趣建立的，有一些主题高度集中，有一些主题松散。在进行论坛营销推广时，主题越集中，效果越好。主题松散，则不容易建立专家地位。因此，在开展论坛营销推广前，首先需要花费一定的时间，找出所在行业在网上有哪些著名的论坛，避免在主题松散的论坛上浪费时间。

(2) 撰写高质量帖子。论坛营销推广广告帖植入是一种常见的论坛营销推广方式。一般来说，真正传播效果好的论坛广告帖，基本都是高质量的软文帖，广告指向性不会很强，不易引发广大潜在用户的反感。

如笔者经常关注"爱玉论坛"，其中××玉铺发的帖子中，仅贴了大量的精美成品图片，对作品的介绍也只是对规格、品质的介绍；而××工作室发的帖子中，作者经常用自己朴实的语言来描述创作思路、对现代玉雕发展的理解以及创作的过程图片等。后者让读者感受到的是创作者发自内心对玉雕的热爱，对每一件作品创作时的思考，雕刻时的严谨、认真,这是作品真正的魅力所在,这样的帖子广告效果虽然隐蔽,但营销效果却很好。

(3)参与论坛,帮助会员,建立权威。在论坛中积极参与讨论,注意看其他会员有什么疑难问题,如果能解决,就积极回答,你的努力其他会员都会看在眼里。久而久之,大家通过帖子看到你又有相应的专业知识,又热心助人,心中自然会建立起一个权威形象。这时你所推广的任何产品或服务,将会更容易被大家所信任和接受。

2. 网络广告营销推广

1)网络广告的定义

广义的网络广告指企业在互联网上发布的一切信息,包括公益性信息、企业的商品信息以及企业自身的互联网域名、网站、网页等。

狭义的网络广告指可确认的广告主通过付费在互联网上发布的,异步传播的,具有声音、文字、图像、影像和动画等多媒体元素,可供上网者观看、收听,并能进行交互式操作的商业信息传播形式。

其实,网络广告是利用网站上的广告横幅、文本链接及多媒体等方法,在互联网上刊登、发布广告,通过网络传递到互联网用户的一种高科技广告运作方式。与传统的四大主流传播媒体(报纸、杂志、电视、广播)广告及备受青睐的户外广告相比,网络广告具有得天独厚的优势,是实施现代营销战略的重要部分。

调研报告显示:2015年珠宝行业广告投放媒体类型中,网络广告投放量占比最大,达85.9%;报纸媒体上的投放量下滑最为明显;户外广告较2014年同期呈现大幅度的上升,如图6-2和图6-3所示。

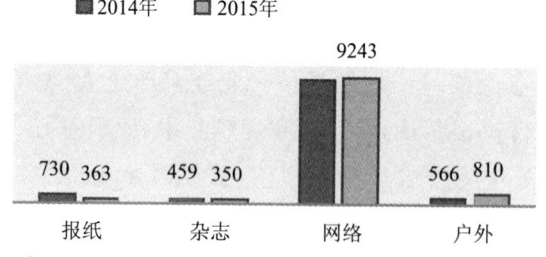

图6-2 2014、2015年珠宝行业广告投放量　　图6-3 2015年珠宝广告投放媒体占比

(注:数据来源于梅花网广告监测,更新数据可登录梅花网查询)

此外,根据梅花网广告监测数据显示,2016年3月珠宝首饰网络广告投放量中,蒂芙尼居第一,行业投放花费占比达23.7%;施华洛世奇紧随其后,占比23.6%,见表6-1。

表6-1 2016年3月珠宝首饰网络广告投放榜单

广告主	蒂芙尼	施华洛世奇	周生生	戴瑞珠宝	利峰集团
行业投放量占比	16.1%	53.7%	1.7%	7.0%	4.9%
行业投放花费占比	23.7%	23.6%	15.1%	10.5%	10.2%
重点投放媒体	优酷网	东方财富网	乐视网	新浪微博	VOGUE
重点投放产品	订婚钻戒	Frozen冰雪女王系列饰品	黄金系列产品	企业形象	梵克雅宝TWO BUTERFLY指间戒

注:数据来源于梅花网广告监测,更新数据可登录梅花网查询。

2)常见网络广告形式

常见的网络广告形式有横幅广告、弹出式广告、内嵌式广告、电子邮件式广告、活动宣传广告、离线广告、赞助商型广告以及社论型广告。一般来说,大多数珠宝公司会选择在热门站点上做横幅广告(Banner Advertising)及链接,并登录各大搜索引擎;在知名BBS(电子公告板)上发布广告信息,或开设专门论坛;通过电子邮件(E-mail)给目标消费者发送信息等。从投放花费的角度来看,各类型网站中均出现领军网站,投放花费占比远超过其他同类网站,见表6-2。

表6-2 2015年珠宝行业网络广告TOP3媒体排行

	媒体列表	广告投放(百万元)	花费占比
视频网页	乐视网	140	37.9%
	优酷网	311	31.0%
	爱奇艺	1119	23.2%
时尚网站	ELLE	913	45.3%
	VOGUE	122	17.7%
	ONLYLADY	518	12.9%
客户端	PPTV	473	68.9%
	风行网	103	27.8%
	PPS	1	3.3%
门户网站	腾讯	182	48.1%
	搜狐	86	33.0%
	新浪	43	7.1%

注:数据来源于梅花网广告监测,更新数据可登录梅花网查询。

3. 口碑营销推广

口碑营销推广指企业在品牌建立过程中,通过客户间的相互交流将自己的产品信息或者品牌传播开来。如图6-4所示,一个"点赞",只要正确指引,经过一段时间的传播,将会达到"一传十,十传百"的效果。因此,口碑营销推广还被业内人士称为"病毒式营销推广",因为其传播速度快、影响力大、成功率高、可信度强。

若产品能拥有一个良好的口碑,将会产生更大的利润价值。大量的调查报告均显示,人们想了解某种产品和服务的信息时,更倾向于咨询家庭、朋友和其他专家,甚至有90%的人视口碑传播为最好

图6-4 口碑营销推广示意图

的获得产品意见渠道,而较少通过传统媒体渠道来进行了解。口碑传播都发生在朋友、亲戚、同事、同学等关系较为密切的群体之间,在口碑传播过程之前,他们之间已经建立了一种长期稳定的关系。相对于纯粹的广告、促销、公关、商家推荐等而言,可信度要更高。

口碑营销推广的表现很多,如"钻石恒久远,一颗永流传"是戴比尔斯珠宝公司的一句广告词,当这句经典的广告词叩开了中国的珠宝消费大门时,也向人们传递着另一个符号:珠宝营销,口碑为王。戴比尔斯成功的秘诀在于营销钻石的同时也营销了消费者对情感的渴望。正是这种情感的渴望,让戴比尔斯赢得了口碑,在中国的珠宝市场上取得了巨大的成就。

再如,身边的朋友、同事体验了某些产品,在第一时间向朋友圈传播产品,或者表达自身的感受,以引发朋友跟着去关注,从而达到知名度和访问量不断上升的效果。

4. 事件营销推广

事件营销推广是指企业通过策划、组织和利用具有新闻价值、社会影响以及名人效应的人物或事件,吸引媒体、社会团体和消费者的兴趣与关注,以求提高企业或产品的知名度、美誉度,树立良好品牌形象,并最终促成产品或服务交易的销售手段和方式。

由于这种营销方式具有受众面广、突发性强,在短时间内能使信息达到最大、最优传播的效果,为企业节约大量的宣传成本等特点,近年来越来越成为国内外流行的一种公关传播与市场推广手段。

企业事件营销推广的运作手法可以分为两大类:一是利用现有的社会热门事件或话题,即借势;二是人为制造媒体和公众关注的热门事件或话题,即造势。无论是"借势"还是"造势",事件作为传播的核心,贯穿于过程的始终,因此传播事件的选择必须契合品牌核心价值,一切营销推广活动都要围绕品牌核心价值而展开。首先,确定事件的类型

和性质,选择亮点话题;然后,抓住时机,找准事件切入的时间点,以得到公众的持续关注,从而让消费者明确、清晰地识别并记住品牌及其特性,即驱动消费者认同品牌。

此外,在事件营销推广里,想要达到共鸣的成效,就需要将产品的特性和媒介活动主题相结合。

珠宝行业中,有不少利用事件进行营销推广的经典案例,如某珠宝公司在某电视剧中将珠宝产品巧妙植入,从女主角为珠宝做产品策划到男主角送珠宝与女主角定情,剧情发展下来均穿插着某珠宝的品牌名号,使该珠宝品牌与剧情发展完美融合在了一起。除了产品和企业品牌知名度提升外,在该电视剧热播期间,该珠宝公司在其官网、网店、微信等及时推出了和女主角同系列的珠宝,受到了众多消费者的火热抢购。

该珠宝公司根据事件营销热点和话题进行有效地推广活动并取得了成功。可见,利用事件进行宣传,在事件中植入产品信息,向消费者传递产品特色和内涵,吸引消费者的关注,同时当话题热度打响后,开展一定的后续活动可取得非凡的营销推广效果。

5. 搜索引擎营销推广

搜索引擎营销推广是通过搜索引擎优化(SEO)以及研究关键词的流行程度和相关性以在搜索引擎的结果页面取得较高排名的营销推广方式。由于搜索引擎是重要的互联网流量入口,大多数人都是通过在搜索引擎上搜索关键词得到相关网页链接,从而查找自己所需的信息,所以搜索引擎营销推广有其独特的优势。

搜索引擎优化对网站的排名至关重要。搜索引擎通过Crawler(或者Spider)程序来收集网页资料后,根据复杂的算法(各个搜索引擎的算法和排名方法不尽相同)来决定网页针对某一个搜索词的相关度并决定其排名。用户在搜索引擎中查找相关产品或者服务时,通过专业的搜索引擎优化的页面通常可以取得较高的排名。

搜索引擎优化是网络营销推广中最为基础的一种方式。据相关数据显示,每天在百度发生近30~50万次的珠宝首饰相关搜索请求,意味着珠宝品牌在寻找消费者的时候,消费者也正在网上寻找珠宝品牌,这其中的巨大消费需求不容忽视。

可通过选取人气比较旺的搜索引擎和最恰当的关键词两个技巧来提升搜索引擎营销推广的效果。

目前珠宝品牌主要采取三种在线搜索引擎营销推广方式:

一是百度上的搜索营销推广。珠宝公司与百度推广合作,在网络上打出品牌知名度,同时增加网站流量。

二是与其他网站进行异业合作。例如,在婚庆类网站、论坛合作推出活动,以吸引目标人群的关注。

三是与网址导航网站合作,以增加网站入口。这也是不少珠宝公司选择的推广方式。

试着在百度搜索"广州哪里买钻石",排在首位的便是钻石小鸟官网链接,还有同类品牌如欧宝丽珠宝、戴维尼珠宝的官网。官网上有产品介绍、价格等信息,另外还提供各城市体验中心地址。可以说"网站+体验中心"的全新珠宝销售模式的开展得益于在线搜索引擎的优化作用。搜索引擎优化也成为了网络营销推广中必须要掌握的一种重要方式。

通过搜索引擎优化来推广珠宝网站,其主要目的是增加特定关键词的曝光率以增加网站的能见度。主要工作则是通过了解各类搜索引擎如何抓取互联网页面、如何进行索引以及如何确定其对某一特定关键词的搜索结果排名等技术,来对网页进行相关的优化。搜索引擎优化操作方法可参考以下几条:

(1)合理设置网站的标题、描述、关键词。这是搜索引擎抓取的重点信息。

(2)提交网站进入站长平台。例如,在百度站长(图6-5)、360站长、搜狗站长等搜索引擎的站长平台上提交站点,可增加网站搜索的排名。

图6-5 百度站长平台中提交站点

(3)设置网页元标签＜meta＞,搜索引擎对元标签的认可度高,容易收录。

(4)创建网站地图。网站地图主要提供搜索引擎蜘蛛抓取网站内部的文章、内容链接等。

元标签360百科

(5)网站内容持续更新,吸引搜索引擎蜘蛛抓取网站。

(6)交换友情链接,可以前往链接交易平台,或在朋友网站交换友情链接,扩大网站宣传面。

(7)网站外部链接发放,可在各媒体平台、社区、百度知道、论坛等发送软文做外链。

6. 视频营销推广

视频营销推广指的是企业将各种视频短片以各种形式放到互联网上,达到一定宣传目的的营销推广手段。

视频营销推广是近些年来才开始流行的,是以互联网为媒介发展起来的,这是因为比起看文字,消费者更倾向于看图片;比起图片,消费者更乐意看视频。常见的视频网站如图 6-6 所示。视频营销推广能在短时间内让信息快速传播。对于一些实物类产品，尤其是展示类艺术品，如珠宝首饰，特别适合视频营销推广。

此外，珠宝企业还可以通过 UGC 平台美拍或者微信的小视频功能推出短视频。当越来越多的消费者将自己的碎片化时间倾注在这些有趣的短视频时，营销的成功之门便会被打开。

图 6-6　常见视频网站名称

7. 直播营销推广

直播营销推广是指在现场随着事件的发生、发展进程的同时，制作和播出节目，以获得品牌提升或销量增长的一种网络营销推广方式。

直播营销推广以直播平台为载体，其本质是基于场景之中，让受众与现场进行实时连接，并且受众与受众之间、主播与受众之间都可以进行实时交流，通过主播和直播工具作为消费行为的闭环引导，这已成为了营销形式上的重要创新之一。

其中，"网红直播＋珠宝"的跨界合作是珠宝营销推广的一种新方式。在直播中，主播以其独特的品味和眼光引导受众进行选款和视觉推广，在社交媒体上聚集人气，依托庞大的粉丝群体进行定向营销推广，从而将粉丝转化为购买力。

例如，在云南瑞丽的原石交易会上，通过直播的方式将来自缅甸的商人和缅甸玉石带到了广大的中国消费者面前。通过直播展示，大家不仅了解了中缅原石交易的真实场景，还了解了周小宝珠宝的进货来源，这无形中让消费者肯定了公司货品的品质，达到吸引消费者的目的。

"珠宝＋直播"这种新的跨界组合，打破了传统的店面营销和电商营销方式，通过屏幕拉近了和受众之间的距离。直播以其场景即时性、感官移情性和互动参与性等优势，使得珠宝售卖从以往的"商家推销"转变为"在互动中推荐"，而且这种跨界合作的方式也容易被更多的新兴消费群体所接受，直播营销推广将成为未来珠宝企业营销推广的重要途径之一。

8. 电子邮件营销推广

电子邮件营销推广以互联网为载体，以发送电子邮件方式来实施营销推广，它主要指通过邮件向顾客发布公司的新闻、声明、新产品信息、优惠信息等,包括电子刊物、会员通讯、专业服务商的电子邮件广告等。与用户以及潜在用户沟通,实现企业经营战略的一种营销技术,基于用户许可的 E-mail 营销具有明显的优势,如可以减少广告对用户的滋扰、增加潜在客户定位的准确度、增强与客户的关系、提高品牌忠诚度等。

三、完成任务

假如你是周小宝珠宝公司网络营销推广部的一名员工,请根据学习到的知识,并结合自身的实践经验,说明一个成功的网络营销推广员工需要具备哪些因素?

珠宝网络营销推广计划

珠宝天猫商城店铺,仅有好的产品、好的图片是远远不够的,还需要有完整的营销推广计划与销售策略。此处将简单介绍网络店铺营销与推广的步骤、工作执行列表、营销推广策略及服务策略。

(一)营销推广七步分解

第一步:寻宝贝→挖掘市场潜力宝贝。

第二步:找流量→吸引具有价值的买家访客流量。

第三步:升转化→促进店铺访客购买行为。

第四步:提客单→提升购买订单交易金额。

第五步:促效率→提高员工服务工作效率。

第六步:管会员→开展会员用户精准营销。

第七步:抓服务→加强各项环节服务品质。

(二)营销工作执行列表

全年店铺营销工作执行一览表(表6-3),包括常规工作的执行描述、整体概括推广工作的饱和程度,应遵循淘宝推广规则,逐步落实推广进度。

表6-3 营销工作执行表

项目	具体形式	推广内容与计划	数量	执行人
SNS体系执行	淘宝论坛、社区、帮派,各大门户网站论坛社区等品牌宣传	踊跃发帖,提供店内活动信息的咨询了解,转载各大热门贴,增强平台互动性	预计发帖数1~3篇/日	文案策划/项目宣传
店铺动态曝光	淘宝店铺掌柜讲解平台搭建及维护	掌柜讲解、粉丝添加、维护、跟踪,店内动态信息更新,平台热门掌柜讲解店铺关注	更新动态3条/日	文案策划/项目宣传
店铺信誉管控	培育店内爆款,打造人气单品,提升整体流量	选取店内人气反馈较好的1~5个单品,通过各类渠道进行信誉管控,创造20~50个不等的销售记录	单品记录20~50个,好评率100%,单品评分4.7以上	店长/信誉管控专员
店铺搜索人气管控	发送单品信息,提高单品曝光率	增加单品或者店铺收藏人数,发送店内产品链接	单品收藏人数10~50人	店长/信誉管控专员
微博推广执行	微博已经是目前店铺品牌推广的重要手段之一,是时下热门的人气推广渠道	注册新浪、腾讯等官方品牌微博,提高账号信服力	注册店铺品牌官方微博,关注人气博主,跟进人气店铺微博,互通有无,增加店铺粉丝群	推广专员
店铺抵价券	买家购买商品时,可使用等值的抵价券购买	店铺建设初期,培养更多的客户群体,提高二次购买率	5元店铺优惠券100张、10元店铺优惠券100张、30元店铺优惠券100张、50元店铺优惠券10张	项目经理/店长
淘宝官方活动申报	淘宝后台"我是卖家——活动报名"中,淘宝经常会提供一些促销活动,积极参加这种活动,获得较好的推广资源,提高店铺信誉	针对官方活动的执行,策划店内活动方案,提高活动效应	每周不定期关注活动更新,每日安排专员跟进申报	活动专员
直通车推广执行	淘宝搜索的基本推广工具,通过关键店竞价,按照点击付费,进行商品精准推广收费型推广服务	单品推广、店铺推广、明星店铺,以通投与定投相结合的方式	单品推广:3款 店铺推广:1张	推广专员
淘宝客广告	通过高佣金有效的吸引淘宝客的眼球,鼓励淘宝客推广这些铺,佣金为6%~10%	确定单价高及热卖产品给淘宝客投放,初期返点比例在6%~10%左右	10款产品,酌情增加	推广专员
钻石展位	淘宝收费型、小硬广投放方式,以CPM竞价展现来收费,是淘宝图片类推广展示位	根据店内情况,单品推广与品牌宣传相结合的方式安排推广执行	不同展示位给予不同价位	推广专员
站外流量	阿里妈妈站外推广方式,广告位展现收费形式	配合店铺活动和VIP优惠政策可以快速提升销量	站外推广结合店内活动形式执行	推广专员
店内主题活动不定期策划	店内活动的丰富度,体现了品牌店铺的张力,充分展现了店铺人气的膨胀感,可以形成一股购买潮流	店内活动主题策划,氛围单品+全店+互动,不定期策划主题活动,刺激消费者购买产品,提高销售	开业活动详解,前三月执行主题活动的详解	项目经理/店长

(三)营销推广的策略

以珠宝天猫旗舰店为例进行说明。

阶段一:提高流量

(1)产品多样不单一。

(2)按区域搜索分类与按种类搜索分类相结合。

(3)主打一款商品——镇店之宝。

(4)不同类商品捆绑搭配推广,培养潜在客户,多买多送。

(5)视角与取向。珠宝天猫店铺目前主要以女性视角与提高女性外表打扮和投资收藏价值来对其进行推广。

(6)多突出收藏价值与真品概念。

阶段二:提高转化

(1)多品牌互动。淘宝会定期发起品牌联动活动,让消费者享受比其他平台更多的惊喜。

(2)淘宝推出的"联合红包"功能能够实现向单一消费者发放红包,在任意多家指定店铺中抵扣消费。

阶段三:提高二次购买率

(1)老客户关怀计划。设定多层次会员等级,利用红包、积分、特价商品、限量商品等工具激发客户多次购买欲。

(2)售后追踪。非销售行为的客户关怀,以站内信、旺旺留言、短信营销为主。

(四)店铺营销之服务策略

以官方级的服务标准进行服务。

1. 专业

(1)面带笑容,态度谦和,具备岗位所需要的职业素养。

(2)具备专业的素养和知识积累。对每个客服人员的要求是具备专业的知识积累,时刻认识到这是代表品牌在服务客户,对服务人员进行定期的商品知识培训和交流。

(3)服务具有连贯性,要求客服必须一对一服务到底,不能让客户一个问题咨询不同的客服、重复同样的问题。

2. 先于客户思考

服务体验驱动购物体验,要求客服团队把每次积累的服务体验作为下一次服务的基础。客户关注的方面有很多,但表达或许不精确,客服不仅需要"听懂"客户的语言,更要精确高效地反馈信息,引导客户解决问题,给出更有针对性的建议。

3. 售后仍在购物过程中

作为官方店铺,将购物过程无限延长至售后。我们要求客服不仅要做好售前引导,更要服务好已购买的客户,这是代表品牌形象的必要条件。

任务 测评

一、知识测评

(一)是非题

1. 网络营销就是网络营销推广。( )
2. 网络营销推广的侧重点在于销售前的推广和宣传。( )
3. 网络营销推广的载体是手机互联网。( )
4. 社会化媒体是一种传统的媒体方式,主要是通过互联网技术实现信息的分享与传播。( )
5. SNS营销推广就是利用SNS网站的分享和共享功能来实现的。( )
6. 若产品能拥有一个良好的口碑,将会产生更大的利润价值。( )
7. 营销传播活动要围绕产品而展开。( )
8. 在事件营销里,想要达到共鸣的成效,需要将产品的特性和媒介活动相结合。( )
9. 当宣传话题热度打响后,推广效果就达到了。因此没有必要开展一定的后续活动。( )
10. 简单来说,通过关键词的搜索,实现珠宝官方网站的链接,从而增加珠宝网站的关注度,达到产品推广的效果,这就是在线搜索引擎的优化。( )

(二)多选题

1. 网络营销推广的优势是(　　)。

   A. 网络营销推广能够迅速推广品牌

   B. 增强企业品牌知名度

   C. 能够采取针对性的推广方式,有效提高客户转化率

   D. 降低营销信息传播成本

2. 根据营销推广方式的不同,网络营销推广主要分为(　　)。

   A. 社会化媒体营销推广和网络广告营销推广

   B. 视频和直播营销推广

   C. 口碑营销推广和事件营销推广

   D. 搜索引擎优化(SEO)

3. 常见的社会化媒体营销推广包括(　　)。

   A. 微博、微信、QQ、论坛　　　　B. 问答、百科

   C. SNS社区网站　　　　　　　　D. 视频(图片)分享

4.论坛营销推广需要技巧,如( )。
A.撰写高质量帖子是关键　　　　　B.参与论坛,帮助会员,建立权威
C.发布广告指向性很强的文章　　　D.找到目标市场高度集中的行业论坛
5.目前珠宝品牌主要采取的在线搜索引擎推广方式有( )。
A.在百度上的搜索营销推广　　　　B.与微信进行合作
C.与其他网站进行异业合作　　　　D.与网址导航网站合作,以增加网站入口

二、学习效果测评
1.您是否了解网络营销推广的定义、优势及发展趋势？ ( )
A.完全了解　　B.基本了解　　C.基本不了解　　D.完全不了解
2.您是否了解网络营销推广的方式？ ( )
A.完全了解　　B.基本了解　　C.基本不了解　　D.完全不了解
3.对于本任务的学习,学习成果有哪些？不足有哪些？

周小宝是国内新锐珠宝品牌,主营珠宝翡翠及和田玉等珠宝玉石产品,相继建立了周小宝网站、网店、微信公众号、微博、微店等,也想开展网络营销推广,以达到更好更快寻找目标客户、占领市场、做大做强的目的。请运用所学知识,为周小宝制定网络营销推广方案。

任务二　珠宝微信营销推广

珠宝微信营销推广PPT

假设你是某珠宝企业微商部门的员工,请你为公司的产品进行微信营销推广。

任务目标与要求

1.了解微信及珠宝微信营销推广的概念

2. 了解珠宝微信营销推广的发展趋势
3. 掌握微信营销推广的技巧

任务实施

一、课前准备

请在课前了解在微信上进行珠宝营销推广的案例,并思考你从中学到了什么?

二、知识学习

(一)微信与微信营销推广

微信(wechat),一款即时通信服务的免费应用程序,是目前亚洲地区具有最大用户群体的移动即时通讯软件。微信通过网络能够快速地发送语音、短信、视频、图片和文字等,还提供公众平台、朋友圈、消息推送等功能,用户可以通过"摇一摇""搜索号码""附近的人"、扫二维码方式添加好友和关注公众平台,同时微信能将内容分享给好友以及将用户看到的精彩内容分享到微信朋友圈。如今,由于微信可以直接用手机编辑,有着方便快捷的特点,比微博更能直达目标客户群,且既能作为公众平台推广,又可进行即时通讯,已经成为珠宝网络营销推广非常重要的一种方式。

微信营销推广主要以微信为载体,以移动智能终端为硬件基础,借助SNS关系开展产品及服务。珠宝微信营销推广主要利用微信公众号或基于朋友圈,实现商品的社交分享、熟人推荐与朋友圈展示,即微信用户可以通过朋友圈或者公众号了解品牌信息、商品信息之后,再通过链接到该珠宝公司的商城或是淘宝微店进行实际购买。

微信营销推广通过微信这个平台,能把商品的信息发布到各个角落,让人在不经意间就能看到,无需刻意花时间就可以了解产品信息,尤其在生活节奏飞快的今天,可以为消费者节省不少时间。

微信作为时下最热门的社交信息平台,还能够为珠宝公司的实体店铺、其他电商平台设立的网上商城以及微店等进行宣传。如通过微信公众号的消息来推广该珠宝品牌的淘宝微店。

例如,作为中国互联网钻石第一品牌,"佐卡伊"在微信平台上的优惠促销活动对客户来说是非常有吸引力的,客户的参与方式也非常简单,如只需关注"佐卡伊"钻石微信公众号即成为会员,可以享受特价优惠产品,免费到实体店清洗珠宝,参与天天送钻石有奖游戏活动等。此外,"佐卡伊"还策划了"新年主题特卖专场""一分钱抢购钻石吊坠""方言蜜语有奖竞猜"等活动。据悉,活动期间"佐卡伊"会员出现爆发式增长,并且增长速度保持高速,直至第一季度活动结束为止。微信活动能在短时间内取得这么好的成绩,也离不开"佐卡伊"珠宝公司的一系列宣传手段。据了解,"佐卡伊"在活动期间整合资源,利用官方网站、门店服务在线、店内电台、店内海报、店内LED广告屏、半月档促销宣传册、全员微信推广、深圳地铁报、门店现场推广、微信公众号等渠道,力争做到全方位、立体式、轰炸式的宣传,让微信用户能够第一时间获知"佐卡伊"的最新活动信息。微信是打通O2O的绝佳利器,利用好微信平台,可以为产品和门店带来新的增长点。

但任何事情都具有两面性,珠宝微信推广也不例外。作为一种新兴的网络营销推广模式,它继承了互联网推广的所有优势,但伴随着微信推广的快速崛起,围绕在微商周围的各种负面传闻也不绝于耳。下面了解珠宝微信推广运营时可能会出现的负面消息和弊端,希望给予想要从事珠宝微信营销推广的你们提供热时代的冷思考。

(1)观念问题。珠宝企业缺乏对珠宝微信营销推广的重视,对其内涵认识不深。虽然国内很多珠宝企业都建立了自己的微店,不少第三方电子商务网站也开始承接珠宝微信营销推广的相关项目,但都存在专业不足的问题。例如,微信网络营销推广仅仅停留在广告宣传上,只是简单地贴图、暴力刷屏,忽视了珠宝自身的特殊性,同时还缺乏数据库、互动交流程序、数据分析统计程序等必要的营销辅助手段。而第三方网站由于不是专业做珠宝的,缺乏对珠宝产品的认识,缺乏有效的信誉度和品牌支持。

(2)产品信任度问题。珠宝类产品除钻石有4C标准、金银纯度标准外,目前还没有很完善的质量评价体系,在珍珠、彩色宝石、翡翠玉石等细分类目尤为明显,导致市场对于区间定价相对模糊。例如两块同样大小的干白种翡翠和老坑玻璃种翡翠价格可以相差数十万倍。另外,还存在以次充好的情况,以质地、色泽、折射度相近的低档宝石冒充高档宝石的事件时有发生。商家要提高客户对产品的信任度,比起其他任何一种产品都要困难。

(3)品牌打造问题。普遍问题在于抄袭成风导致产品高度同质化。在发达国家,一件珠宝作品的价格中有20%~30%是设计费,大多数珠宝公司都对自己的设计作品有比较严格的知识产权保护。但是在我国由于知识产权法律法规不够完善,直接导致了珠宝产品同质化严重,跟风设计畅销样式的情况严重。这一现象在定制产品中尤为突出,由于定制产品省下了设计费,材料选取自由度更大,一件仿制国际知名品牌的珠宝只需要原价的十分之一左右。这无形中损害了设计师创新的动力,更不利于提高自主品牌的价值。

(4)专业化运营问题。微商的运营方式以低价走量为主,所以珠宝微信营销推广时常给人以廉价的印象,部分珠宝比如坦桑石、海蓝宝石等甚至都被打上了廉价的标签。

此外,代理模式疑似传销,缺乏现金流管理以及专业运营人才等都给运营带来了一定的阻碍。

(二)珠宝微信营销推广的发展之道

从2013年底开始,微信营销推广确实得到了极大的发展。但回过头来看,最早期微信营销推广的发展,大部分都是从非互联网行业的人开始,这一点也恰恰造成了行业的良莠不齐。几年时间过去了,尽管模式在不断地优化,其负面影响正被人面积清洗,但能够在消费者心中留下记忆的微商品牌仍屈指可数。

珠宝产品由于其产品特性,购买价格高,并且客户非常注重体验,所以必须由实体店面或品牌做支撑,才能比较容易促成订单,珠宝大企业由于传统模式已存在多年,线下的价格、产品体系不容侵犯,三四倍的销售加价、老旧落后的产品款式、低效臃肿的企业架构,导致微信营销推广基本成为珠宝大企业的摆设,而珠宝小企业低端切入、暴力推进,容易见效,但却无法持续。

就深圳水贝珠宝园来说,是国内的珠宝设计、制造和销售中心,园内众多厂商曾长期为全球知名的奢侈品牌代工,无论工艺设备还是制造技术都可与一流水平比肩,但是长期忽略品牌打造和产业链整合,导致国产珠宝未能产生国际知名品牌,传统珠宝产品竞争同质化严重,珠宝厂产能过剩问题出现,众多代工厂更是面临着转型的压力。珠宝微信营销推广无疑是一个很好的解决方案。

珠宝微信营销推广未来的发展必将是系统化、全民化、需求化发展。

(1)系统化。珠宝商依靠独立的门店,根本无法打通所有环节并提供流畅的服务,比如款式设计、产品采购、库存保障、品质保证、售后服务等。未来的微信营销推广,必将系统化,每一个模块将有相应的专业团队来提供服务,比如拆分为:厂商模块(提供专业的产品及有效的电商数据)、平台模块(提供配套的系统及产品调配、微商运营服务)和终端模块(招募微商、推广粉丝、进行产品销售)。此外,减少传统行业多余的中间环节才能实现真正的珠宝互联网化。

(2)全民化。所有的员工、老板都进行微信营销推广,上游是厂商优质一手货源,下游是精准微信客户。

(3)需求化。由于微信营销推广模式的成熟,终端客户和生产厂商的距离已经拉得非常近,沟通也变得更加及时,所以将产生很多反向需求。比如,客户提出自己的需求,和厂商沟通,从而导入设计师完成。

(三)微信营销推广的信息发布

利用微信做营销推广,其信息的发布是非常重要的环节。信息的发布能够给商家带来巨大的社会化流量。例如,允许留言,可以被分享到朋友圈、腾讯微博并发送给好友,同时,用户对商家进行实时且客观的评价,真实的社交环境保证了留言的客观性和有效性。

但需要注意的是,微信的社交平台特性决定了它主要是一种通过媒体频道实现的渗入式营销推广。因此,信息的发布必须保证有创意、有吸引力,公众号的文章必须保证质量和原创性,广告植入有技巧,这样才能吸引到大量的粉丝。

目前,微信的信息发布主要有两类:朋友圈信息发布和公众账号信息发布。

1. 微信朋友圈信息发布

在微信营销推广中,在朋友圈中信息发布是一种非常有效的营销方式。

在朋友圈页面中,除了自己的相册封面外,就是按时间线排列的朋友们分享的内容。点击内容下面的评论标志,可以发起评论或点赞,甚至点击收藏可以保存内容。

在萧秋水等的《微信控,控微信》一书中认为:微信公众平台主要是让有需求的企业或个人为自己的粉丝提供增值服务,也就是说微信公众平台不是用来做传播媒体的,而仅仅是专注于某一领域,为粉丝带来真正有用的东西,营销则是附加的功能。因此,在正式开始珠宝产品的微信营销推广之前,首先需要了解以下几个注意事项:

(1)在对自己的朋友圈进行编辑前,建议先对自己的个性昵称、个人头像、个性签名、相册封面等做好设计,这是与陌生人互加微信时第一个被关注的内容。接下来在朋友圈里就可以开始发布自己的微生活了。

(2)由于微信的私密性,非好友关系的人在同一个朋友下的评论也是相互独立的。所以微信的状态定向性较好,可以做到定向推广,但是如果内容或图片过于商业化,也会被一部分人屏蔽,所以发布的内容需认真打理。

(3)一定要避免营销账号成为单纯的卖货账号。如果只是单纯地发照片,没有任何有个人特色的内容,只会沦落成如今朋友圈里盛行的简单代购账号。

(4)不时发布一些珠宝相关的动态及常识。真正会通过朋友圈购买珠宝的往往不会是同行,而外行对珠宝都不够了解,通过朋友圈的知识分享可以创造一个比较专业的形象。

(5)适当发布个人生活相关的内容。这样陌生的朋友们才能感受到这是活生生的人,有性格,有自己的生活,而不是单纯的卖家,当然应尽量避免一些消极的情绪。

2. 微信公众账号信息发布

1)公众账号的申请

微信对于公众账号申请一直采用较为严格的规则管理,如一个邮箱只能注册一次、一个身份证号最多只能注册两个公众账号、一个手机号最多只能登记两次、需要手持身份证的照片、最多只能一天推送一次等(具体可以登录 http://mp.weixin.qq.com 进行查阅)。

对于一个好的微信公众账号而言,界面设计一定要符合预期。例如,微信名称与其微博名称、店铺名称均一致,功能介绍中非常简洁地将本公众平台的特色、功能囊括在里面。

2)公众账号吸粉

微信公众账号的影响力与粉丝数、粉丝质量有很大的关系。目前微信公众账号一般是通过二维码推广获得第一批粉丝,再通过粉丝之间的转发来吸引后续的粉丝。例如,通过传统的媒体、包装、名片等进行二维码推广,开展微信活动来吸引粉丝,借助媒体曝光等多种手段均可以用来为自己的公众账号吸粉。

其中,微信公众号的粉丝来源最多的是朋友圈。如何获得更多的粉丝则取决于公众号的定位、行业判断力以及高质量的内容发布。

3)公众账号内容发布

对于珠宝营销公众账号,可以借鉴朋友圈中的内容,以专业知识为主,重在普及,也就是所谓的"干货"。尽量避免摘抄,最好能用自己独特的语言风格阐述。另外,公众账号的推送信息何时到达也是需要注意的,应选取一个合适的时间,并且尽量做到准时。在粉丝达到一定规模时,群发会有延迟,需提前预估一个时间量。

(四)微信营销推广技巧

如果选择了微信营销推广,那就意味着有很多注意事项必须要了解,或者说有很多的运营技巧需要理论结合实际去学习掌握。

以"微信、微商、技巧"进行网络资料检索,可以搜索到很多的信息(图 6-7)。

- 微商微信营销吸粉秘诀
- 珠宝微商如何摆脱原罪
- 珠宝微商需要具备的人格魅力
- 做珠宝微商需要什么条件
- 珠宝微商怎么发广告
- 珠宝微商宣传需要注意什么
- 珠宝微商取名字的重要性
- 珠宝微商微信号怎么宣传
- 珠宝微商怎么把顾客转换成代理
- 珠宝微商的沟通技巧
- 珠宝微商如何正确分配时间
- 珠宝微商怎么经营朋友圈
- 珠宝微商怎么做朋友圈文案
- 珠宝微商发展的三大挑战
- 珠宝微商如何消除顾客疑虑
- 微商是什么概念
- 珠宝微商成功需要靠什么
- 珠宝微商防止客户反悔的方法
- 珠宝微商如何激活朋友圈营销
- 珠宝微商的生意秘诀
- 珠宝微商怎么打造回头客
- 珠宝微商的七大误区
- 珠宝微商怎么让别人主动加自己
- 珠宝微商路在何方
- 珠宝微商怎么引流
- 珠宝微商必须要知道的互联网思维
- 珠宝微商如何有效吸引意向代理
- 小城市的珠宝微商怎么做
- 珠宝微商怎么找目标客户
- 做珠宝微商要掌握哪些技巧
- 做珠宝微商的三个步骤
- 珠宝微商的三大误区
- CMB是什么意思
- 珠宝微商的发展趋势
- 珠宝微商怎么找客源

图 6-7 以"微信、微商、技巧"进行网络资料检索后的结果截图

查阅到的资料基本都围绕"珠宝微商怎么经营朋友圈"这个主题进行的。可以说,朋友圈是珠宝微商的根据地,朋友圈也是需要经营的,从吸引粉丝到把粉丝变成客户,变成朋友,都需要掌握一定的技巧。

1. 积极沟通

每一个新加进来的人,你都要和他沟通,介绍自己再认识对方。整个过程不需要太多话,3～10句就足够了。虽然动作小,但这是建立你们之间信任的重要一步,一定不能省略。

2. 分享价值

分享一些对新加入的人有用的内容。他们对什么感兴趣,你就分享什么。分享的这些东西可能会让他们引起共鸣,他们会慢慢透过你分享的东西去关注你,他们对你的认知度会通过你不断的分享逐步提高。你分享的过程,其实就是展示的过程。通过不断地分享对别人有用的东西,让别人觉得你这个人还有些用处,别人也就会觉得你有"价值"。

3. 互动

信任来源于互动。朋友圈里的互动,可以是给他点个赞、一句评价,也可以不定期的互送些小礼物。当然还有更快更直接的,就是发红包。在特殊的时间点(如节日等)上,给对方发个红包。当你没有太多的时间去维护你们之间的关系时,这个方法是最好的,而且让人印象最深刻。但前提条件是:对方要对你有一些了解,你们之前已经有所交流。

4. 提供有水平的软文＋吸引眼球的标题

关于软文编写以及标题的重要性方面的内容,前面已经讲述,这里不再进行赘述。

三、完成任务

任务:请查阅相关资料,举出珠宝行业内微信营销推广的3个经典案例。

目前珠宝微商的4种发展模式

目前珠宝微商主要有4种发展模式,如图6-8所示。

以小型批发商、实体店主为基础的兼营微商	纯分享图片型的代购微商	无实体店的自营微商	对接大型微商平台的创业微商
•优点:线上、线下相结合,销售情况现阶段相对良好。 •缺点:资金投入量大,需要大量囤货,资金规模直接决定发展规模。 •前景:有一定发展空间。	•优点:无资金压力,无囤货压力。 •缺点:产品售价较高,售后无法保证。 •前景:发展空间狭小。	•优点:可以根据自己的资金实力来自行调整进货规模和款式。 •缺点:款式少,产品售价较高。 •前景:发展空间较小,有实力做大的也已开始往工作室或是小珠宝店+微商模式转移。	•优点:无资金压力,质量有保障,款式多,价格低。 •缺点:暂无明显缺点。 •前景:对于想通过珠宝微商来创业的个人,这无疑具有巨大的吸引力,从微商发展趋势来看,贴近大型平台已是大势所趋。

图6-8 目前珠宝微商的4种主要发展模式

1. 以小型批发商、实体店主为基础的兼营微商

这一类的珠宝微商还是传统的珠宝商人,微商在他们看来就是新兴渠道,他们往往以实体店为主、微商为辅。他们的优势就是有门店做保障,至少在消费者看来,质量相对有保障,所以现阶段这种有门店基础的珠宝微商销售状况较好。缺点也相对明确,对珠宝商来说,要想销售好需要款式多、单价低。款式多,看到货的意向买家才有挑选的余地;单价低才能引起买家的购买兴趣。但这需要大量的资金,资金门槛太高。所以,这种发展模式下,商家自身的资金规模直接决定其发展规模,并不适合一般人参与。

2. 纯分享图片型的代购微商

这类珠宝微商因为只是以分享图片为主的代购模式,他们既没有雄厚的资金,也没有实体经营,更没有一手货源,不少都是"图片党",通过在原有价格上进行加价来获取利润,所以往往赚的不是很多,而且因为质量、价格等难以管控,多数只能通过朋友间的信赖来保障质量和价格。因此,发展空间有限。

3. 无实体店的自营微商

这类珠宝微商同第二种纯分享图片型的代购微商比较接近,他们往往没有雄厚的资金,也没有实体经营,但至少有一个看起来相对靠谱的货源,他们也是通过在货源供货价的基础上来加价获利,利润空间也主要是看人要价。这种模式在珠宝微商刚兴起时还有一定的发展空间,但随着珠宝店、大型微商平台的崛起,现在其发展空间被进一步压缩,能有实力做大的也已开始转向工作室或是小珠宝店+微商模式。

4. 对接大型微商平台的创业微商

现阶段我国已经出现了以中国宝石网为代表的大型珠宝微商创业平台。因为这类创业平台往往都是 B2C 模式,这种模式既最大限度地降低了珠宝首饰价格,又可以消除消费者对网购珠宝质量存疑的心理障碍。因此,目前来看,这将是珠宝微商的主流发展方向。这种模式非常适合兼职或珠宝微商新手。

以中国宝石网为例,他们提出的"零投入、保真品、超低价、高利润"的珠宝微商模式,打破了传统珠宝微商难于寻找一手货源、需要大量资金投入的旧模式。任何人只要有一台电脑或是一部装有微信的智能手机,通过 2 分钟时间的免费注册即可成为珠宝微商,就可以参与分销平台内的所有珠宝饰品,不需要资金投入、不用囤货、不用承担任何风险的前提下,又有相对客观的利润空间,所以往往可以吸引众多消费者参与进来。

此外,关于大型微商平台的建设,珠宝行业内也是百花齐放。可以说:积极探寻可持续的微商发展模式是珠宝商们共同的目标。随着时间的推移,微商发展将会逐渐成熟,越来越多的可行模式也将会出现。

任务 测评

一、知识测评习题

(一)是非题

1. 微信营销推广主要以微信为载体,以移动智能终端为硬件基础,借助 SNS 关系开展产品及服务的一种网络商业推广方式。( )
2. 可以通过二维码推广、开展微信活动来吸引粉丝。( )
3. 微信公众账号的影响力与粉丝数、粉丝质量有很大关系。( )
4. 微商和淘宝都是网络营销推广,因此两者的功能是一样的。( )
5. 珠宝营销公众账号的定位主要以销售产品为主,专业知识普及为辅。( )

(二)多选题

1. 微信营销推广作为一种网络推广方式,可能出现的负面影响有( )。

 A. 代理模式疑是传销   B. 假货泛滥维权无门

 C. 暴力刷屏损坏品牌形象   D. 产品同质化程度高

2. 微商和淘宝都是网络营销推广,但两者的不同在于( )。

 A. 建立的平台不同   B. 推广的产品种类不同

 C. 人员管理不同   D. 营销推广的侧重点不同

3. 利用微信进行网络推广时,需要重视的问题有( )。

 A. 观念问题   B. 产品信用度问题

C. 品牌打造问题　　　　　　　　D. 专业化运营问题

4. 有效的微信营销推广方式有(　　)。

A. 与粉丝积极沟通　　　　　　　B. 与粉丝分享价值

C. 有好产品为基础　　　　　　　D. 提供有水平的软文以及吸引眼球的标题

5. 目前,珠宝微商的发展模式有(　　)。

A. 以小型批发商、实体店主为基础的兼营微商

B. 纯分享图片型的代购微商

C. 无实体店的自营微商

D. 对接大型微商平台的创业微商

二、学习效果测评

1. 您是否了解微信营销推广的概念及发展现状？　　　　　　　　　　(　　)

A. 完全了解　　　B. 基本了解　　　C. 基本不了解　　　D. 完全不了解

2. 您是否了解企业进行微信营销推广时,需要注意的有关事项？　　(　　)

A. 完全了解　　　B. 基本了解　　　C. 基本不了解　　　D. 完全不了解

3. 对于本任务的学习,学习成果有哪些？不足有哪些？

知识运用

请在课后运用所学的知识,为"周小宝"珠宝微信公众号营销推广进行策划。

任务三　珠宝微博营销推广

珠宝微博营销推广PPT

任务内容

假设你是某珠宝企业营销推广部门的员工，请你为其进行微博营销推广。

任务目标与要求

1. 掌握微博营销推广的定义
2. 了解微博用户与珠宝消费人群分析
3. 掌握珠宝企业的微博建设
4. 分析珠宝微博营销推广案例

任务实施

一、课前准备

请在课前观察其他微博是如何进行珠宝产品营销推广的，并思考如果是你将如何进行？

二、知识学习

（一）微博营销推广的概念

微博营销推广是指通过微博平台为商家、个人创造价值的一种营销推广方式，也是指商家或个人通过微博平台发现并满足用户各类需求的商业行为方式。

搜狐、新浪、雅虎、和讯、博客网、Blogbus、Donews等众多门户、专业网站都提供各具特色的服务系统，目前已有超过1000万的个人博客，由此诞生并聚集了不少人气的个人网站，也引出了新的网络营销推广方式。

微博用户通过手机、及时聊天工具、电脑等设备可以随时随地阅读、转载、评论或者发送信息,不仅能够及时了解企业产品等信息,更重要的是帮助企业将品牌、口碑、营销活动、产品等信息传播出去。

(二)微博用户与珠宝消费人群分析

在经历了高速发展和一轮衰败后,微博通过一系列出色的成绩,重新成为了行业关注的焦点。和上一波微博浪潮下的产品相比,如今的微博,几乎成为了一个包罗万象的超级社区。微博的用户、微博的商业价值等均发生了一定的变化。了解这些变化趋势才有利于珠宝企业的微博营销推广。

2016年度,企鹅智酷面向全国8373名网民进行了微博使用行为和价值认知的调查,并按照中国网民特征做了精准抽样处理,得到了一系列的数据。如图6-9所示为调查新浪微博用户数量的统计。

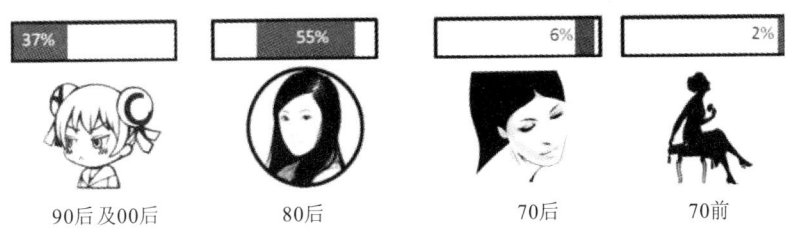

图6-9 新浪微博用户数量统计(注:数据来源于企鹅智酷)

从图6-9可以看出:

(1)80后的用户数量相对最多,占用户总数的55%,其次为90后及00后用户。

(2)微博作为一种网络营销推广方式,其用户数量与当地GDP成正相关,即微博用户具有相对强的支付能力和更高层次的消费观(图6-10),这正好满足珠宝消费的最基本要求。其中,高收入、中青年龄段的消费者是高档珠宝首饰的主要消费人群,此年龄段的新浪微博用户恰好占据比较大;而偏好中、低价位首饰的年轻消费者应该也是值得重

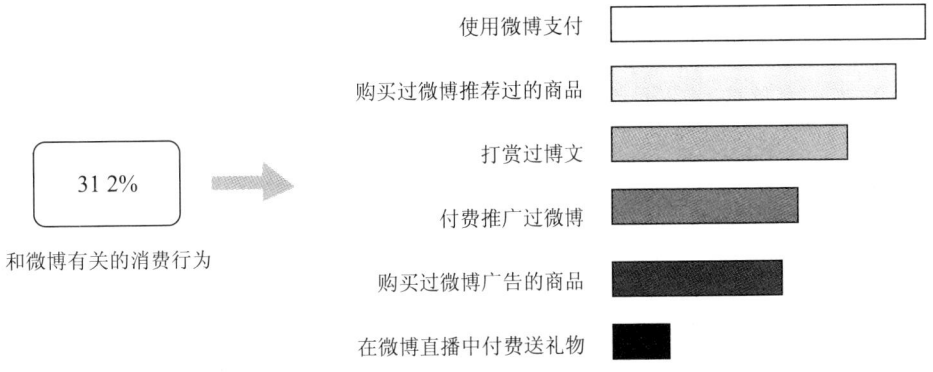

图6-10 2016年新浪微博调查报告之微博消费行为调研(注:数据来源于企鹅智酷)

视的客户群体。以 90 后及 00 后为例,占整个新浪微博用户的 37%,其消费能力有限但基数庞大。

(3)微博净营收和活跃用户数继续增长,在三四线城市的渗透率进一步提升,如图 6-10 所示,31.2% 的微博用户有过和微博有关的消费行为。微博支付的整体渗透率约为 9%,购买微博推荐商品和打赏文章在微博消费行为中排名靠前。这对于珠宝企业来说,是一项有利的指数。让顾客"购买微博推荐的商品"正是企业希望达到的最终目的。

那么,用户在微博上关注什么内容呢?

在调查的人群中,63.1% 的用户在微博上关注名人明星账号,这也是微博相对其他社交媒体最不可替代的地方。其次是生活兴趣和新闻媒体,这意味着用户在微博上获取兴趣类资讯的需求度超过了时效性的新闻(图 6-11)。

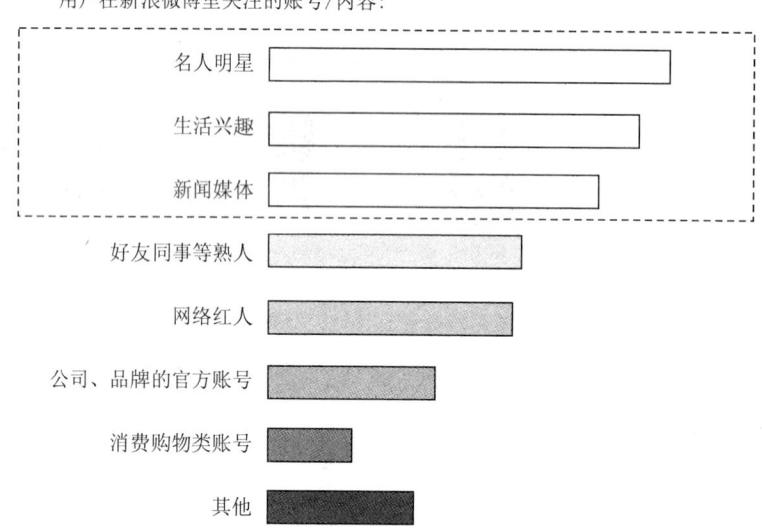

图 6-11 2016 年新浪微博调查报告之用户关注内容调研(注:数据来源于企鹅智酷)

这给予珠宝企业的提示是:企业网站软文内容应该与用户关注的焦点相符合,才能达到事半功倍的效果。例如,借助明星效应、网络红人的推荐或是提升生活品质方面的软文内容来推广品牌应该是不错的选择。

(三)珠宝企业微博的建设

企业微博的搭建,并非简单地注册一个账号、填写基本信息等就算完成的。企业在确定开通官方微博之时,有以下几个问题需要把握。

1. 企业微博定位

企业开通微博的目的是塑造品牌形象、提升企业知名度和影响力,还是为了拓展线上销售渠道、直接促进消费;是对传统营销模式的拓展延伸,还是以新旧媒体相结合为重心。企业微博营销推广需要有一个明确的定位。

2. 微博内容规划

"微博营销,内容为王"。明确了企业微博营销的定位之后,微博内容的规划也是重中之重。在规划微博内容的过程中,内容的选取制定应当细心用心,后面运营微博时才能省心放心,事半功倍。企业在开设微博之前如果没有很好地对发布的微博内容进行规划,发布的内容多而杂则容易误导粉丝,因此伤害了企业的品牌形象。

3. 微博平台的选择

适合企业的主流微博平台有腾讯微博、新浪微博、网易微博、搜狐微博等,企业可以根据自身特点选择在一个或多个微博平台开通自己的微博。

4. 构建结构合理的企业微博矩阵

作为与消费者进行交流的平台,企业微博建设应该细分化,建立结构合理的企业微博矩阵。

企业微博矩阵是指在一个大的企业品牌下,开设多个不同功能定位的微博,与各个层次的博友进行沟通,达到全面塑造企业品牌的目的,如图6-12所示。

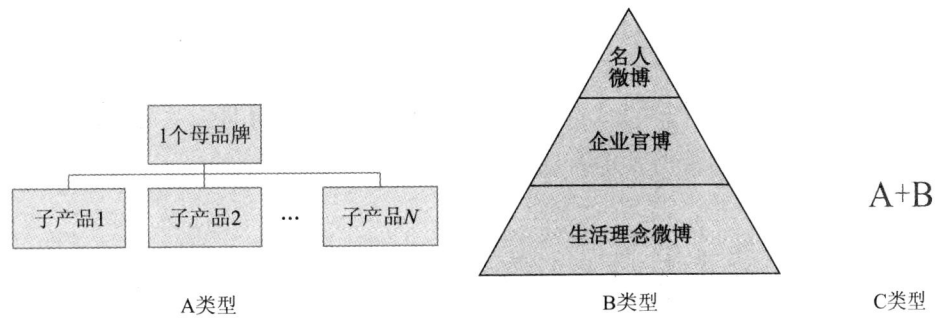

图6-12 常见的企业微博矩阵类型

第一种企业微博矩阵类型(图6-12A类型)以产品线为主导,在一个大企业官方微博之下,开设N个产品专项微博,构建完整的微博宣传体系。第二种类型(图6-12B类型)在名人微博、企业官博、生活理念重塑三个维度上,布局微博账号,是最大限度地发挥企业内部资源的微博布局方式;第三种类型(图6-12C类型)以品牌形象塑造、维护为主旨,通常以一个活动/形象微博+一个品牌微博的形式组成。

以恒信钻石机构为例,其官网关注的12个对象中有董事长和7个集团旗下品牌或相关部门微博官网,其中包括公益组织机构IDo基金(8.5万粉丝)官网微博。IDo基金官网微博所发的博文中并没有任何关于钻石产品的信息,而是致力于以各种基金服务活动积淀企业口碑、宣传企业文化,是恒信钻石机构必不可少的钻石矩阵元素。通过矩阵微博内部的相互关注和链接,方便用户全方位查看企业信息。

除此之外,在微博建设中还需要注意标签的建设,便于用户通过各种方式搜索企业微博。

5. 凝聚人气,提升用户黏性

微博营销推广是一种基于信任的主动传播。在发布信息时,只有取得用户的信任,用户才有可能帮你转发、评论,才能产生较大的传播效果和营销效果。凝聚人气的重要方式在于不断保持和粉丝之间的互动。适当转发、评论粉丝的信息,积极帮助解决粉丝问题,与粉丝形成良好关系。当企业发布信息时,粉丝也会积极转发。

为了提升用户的黏性,博文内容的选取应讲究趣味性、权益性、相互性和个体性。审美情趣是珠宝首饰的主要特征之一,通过欣赏微博中珠宝首饰的图片、视频可以获得精神上的享受,而珠宝首饰的珍贵性和投资价值更是与用户的满足感相关。由此可见,珠宝首饰的天然特性很好地契合了微博内容的宣传,珠宝首饰自身就是消费者热切关注的话题之一,其在微博营销推广方面有着天然的优势。

另外,保持企业微博的活跃性是提升用户黏性的重要方式之一,企业应时刻保持其微博内容和形式上的新颖,以保证粉丝的持续关注。

6. 广告植入有技巧

微博营销推广归根到底还是创意营销,需要用全新的手法传播广告创意,文字、配图要有新意,不能让广告内容过满,过于直白,应尽可能地把广告信息巧妙地嵌入到有价值的内容中。这样不但能够为用户提供有价值的信息,而且具有一定的隐蔽性,容易被转发,从而达到更好的营销效果。

三、完成任务

任务1:微博营销推广内容设计

> 假设你是"周小宝"珠宝公司营销推广部门的员工,请你为公司的产品进行微博营销推广内容设计,并和大家交流分享。

任务2:编写微博营销推广调研报告

> 请以小组为单位,自行选取一家珠宝企业,对该公司的微博营销推广进行调研,目的在于了解该公司的微博营销推广策略。调研结束后,提供一份调研报告。
>
> 调研报告要求:
> (1)说明该公司是如何通过微博提高品牌知名度的。
> (2)说明该公司是如何提高微博关注度的。
> (3)进行详细的案例分析。

任务 测评

一、知识测评

（一）是非题

1. 微博营销推广指商家或个人通过微博平台发现并满足用户的各类需求的一种商业行为方式。（   ）

2. 与实体营销推广相比，微博营销推广不能与顾客进行广泛交流，也不能有效收集顾客的意见，因此无法对产品调整提出有效意见。（   ）

3. 微博营销推广对所在地的繁荣度有很高的要求。（   ）

4. 年轻消费者消费能力有限，偏好中、低价位首饰，因此不值得企业给予重视。（   ）

5. 让顾客"购买微博推荐的商品"正是企业希望达到的最终目的。（   ）

（二）多选题

1. 微博营销推广的目的有（   ）。

   A. 扩大品牌影响力，建立企业良好口碑，提升品牌美誉度

   B. 准确抓住潜在客户，提供贴心服务让潜在客户成为付费客户

   C. 与粉丝高效互动，有效拉拢粉丝

   D. 扩大销售

2. 常见的企业微博矩阵类型有（   ）。

   A. 以产品线为主导，在一个大企业官方微博之下，再开设N个产品专项微博，构建完整的微博宣传体系

   B. 在企业人、产品线、生活理念重塑三个维度上，布局微博账号

   C. 以员工微博、产品微博、粉丝微博和活动微博为主构建完整的微博宣传体系

   D. 以品牌形象塑造、维护为主旨，通常以一个活动/形象微博＋一个品牌微博的形式组成

3. 珠宝企业为了提升微博用户的黏性，博文内容的选取讲究（   ）。

   A. 趣味性、权益性、相互性和个体性

   B. 广告植入有技巧

   C. 以时效新闻为主

   D. 以兴趣类资讯为主

4. 企业进行微博营销推广，常常采用的方式有（   ）。

   A. 推广方案基本围绕着如何提升品牌效应而确定

   B. 博文内容选取讲究，且广告植入有技巧

C.通过明星效应、微博红人的带动作用,积极为企业微博进行有效宣传

D.采取"互联网+"线上线下深度大融合

5.用户在微博里关注的内容有(　　)。

A.名人明星、网络红人的动态　　　B.时事新闻

C.与生活、个人兴趣有关的博文　　D.亲朋好友的博文

E.品牌或者消费购物类的官方账号

二、学习效果测评

1.您是否了解微博营销推广的概念及发展现状?　　　　　　　　　　　(　　)

A.完全了解　　　B.基本了解　　　C.基本不了解　　　D.完全不了解

2.您是否了解企业进行微博营销推广时,需要注意的有关事项?　　　(　　)

A.完全了解　　　B.基本了解　　　C.基本不了解　　　D.完全不了解

3.对于本任务的学习,学习成果有哪些?不足有哪些?

知识运用

请在课后运用所学的知识,为"周小宝"珠宝公司策划一次微博营销推广计划。

任务四　珠宝 KOL 营销推广

珠宝KOL营销推广PPT

任务内容

假设您是某珠宝电商企业网络营销部门的员工,请尝试寻找优秀的网络达人,进行KOL营销推广。

任务目标与要求

1.了解 KOL 营销推广的含义和特点

2.了解 KOL 营销推广的形式

任务实施

一、课前准备

请搜索并浏览珠宝网络达人的账号,观察这些网络达人是如何推广商品的。

二、知识学习

1. KOL 推广

KOL,全称 Key Opinion Leader,即关键意见领袖。通常被定义为拥有更多、更准确的产品信息,且被相关群体所接受和信任,并对该群体的购买行为有较大影响力的人。

KOL 的粉丝众多,而且黏性很高,非常信任这些 KOL。KOL 常常以资深消费者的姿态,给符合其领域的品牌进行软文、视频、直播等形式的线上推广,效果往往非常好。通过 KOL 进行植入式推广是珠宝网络营销推广又一新颖而有效的推广方式。

之所以在 KOL 上的营销推广会比在广告等传统媒体上的投入产出比高,是因为如果找对了 KOL,他们的那些粉丝本身就具有品牌目标客户的精准性,同时由于粉丝对自己 KOL 的热爱和信任,让他们对价格变得不那么敏感了,购买也就越发容易了。

对珠宝淘宝店铺来说,最开始可以找相应珠宝领域的淘宝达人(KOL)进行推广。在推广的商品上,可以先选择单品推广;在表现形式上,可以是短句推广、长软文推广等,甚至可以直播推广;到后期可以选择引流店铺。

1. 单品推广

图 6-13 为单品推广的示例,图截自"淘宝有好货"渠道。这个渠道仅对非商家的 KOL 开放,KOL 可以第三方消费者的口吻娓娓道来。"好在哪里"栏目中,主要以短句形式介绍产品最重要的特征,以短文形式介绍产品的设计、工艺亮点。

2. 长软文推广

在 KOL 推广时,可以撰写长软文,为后续推广产品做铺垫。长软文撰写时和单品推广不太一样,不直奔主题介绍产品,而是设计一个场景或是结合当下热点事件进行展开,如图 6-14 所示,就是当时在社交网络上突然兴起的一股把自己 18 岁的照片和现在照片进行对比的风潮。KOL 此时就以这个热点来切入,写珠宝玉石投资价值的内容。

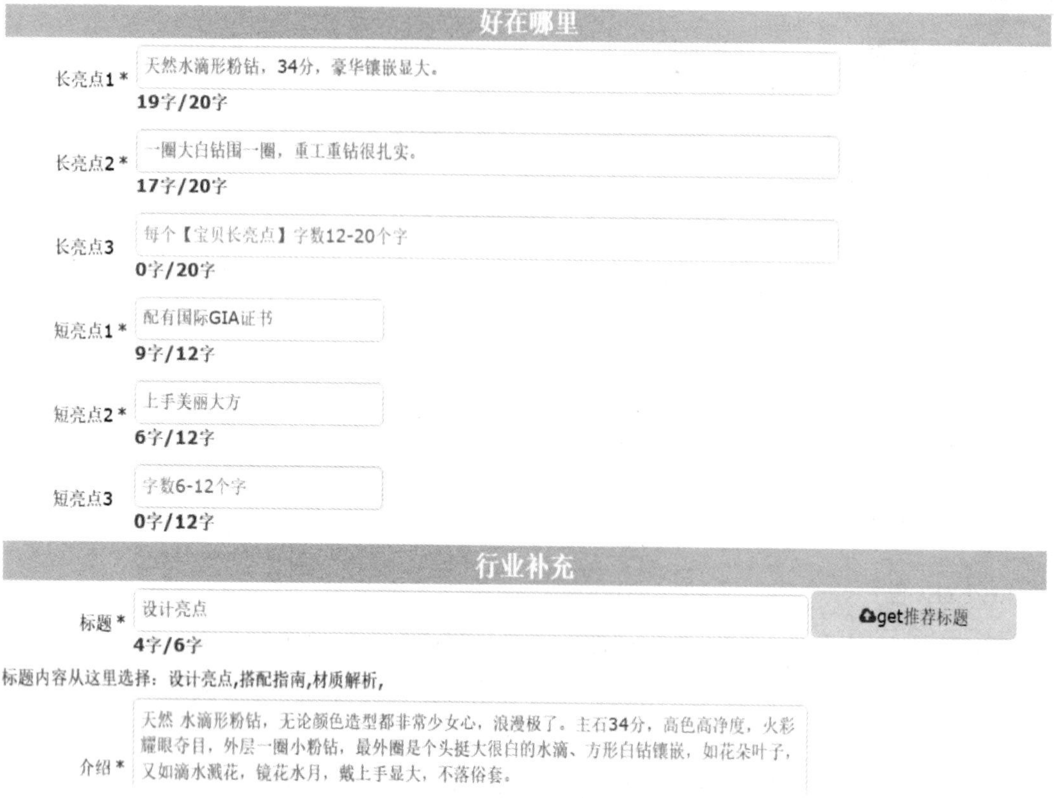

图 6-13 单品推广案例

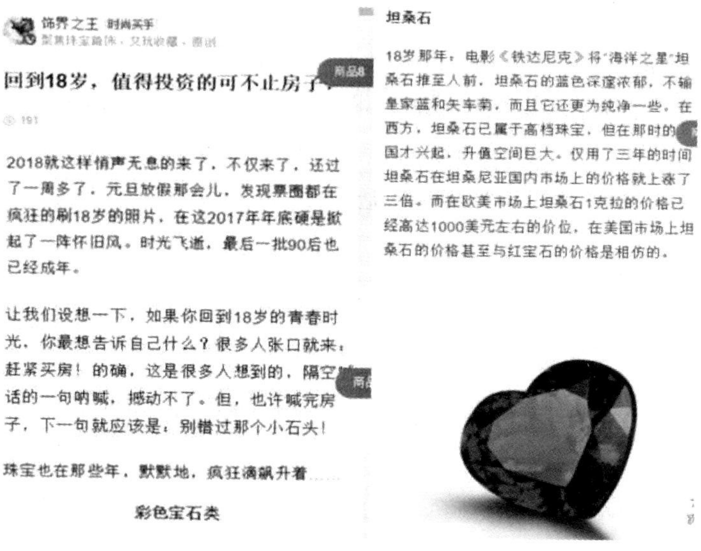

图 6-14 长软文撰写案例

一般来说,长软文为了避免过于广告化,推广植入的产品和店铺会多一些,并以知识性为主要分享内容,捎带导购,这样给读者的感觉也更好。

3. KOL 直播推广

在 KOL 推广中应用比较多、效果较好的是直播推广。直播推广比较形象、直接,容易吸引粉丝关注,引起大家的兴趣。在直播推广中,既可以直播商品展示(图 6-15),也可以直播主播佩戴并讲解细节。

4. KOL 引流店铺

当一家珠宝淘宝店铺品牌影响力等各方面都达到一定阶段了,就可以选择和 KOL 合作进行引流店铺。

引流店铺既可以在淘宝体系内进行,也可以在淘宝体系以外(如微博、微信公众号等)进行。

值得注意的是,相对其他行业,珠宝行业有些特殊,商品本身及目标客户都

图 6-15　KOL 直播商品展示案例

具有一定的专业性,所以珠宝网络店铺找 KOL 营销时要注意考察 KOL 的专业度,并且合作时要尽量把产品亮点沟通清楚。

三、完成任务

任务 1:请选择 1 件珠宝首饰商品,进行 KOL 单品推广尝试

任务2：请与 KOL 合作，进行直播营销推广尝试

任务 测评

一、知识测评

（一）是非题

1. KOL 珠宝网络营销推广是除自身淘宝推广、微信店铺推广及分发给的代理推广外的另一种新颖而有效的推广方式。（　　）

2. KOL 常常以资深消费者的姿态，给符合其领域的品牌，进行软文、视频、直播等形式的线上推广，效果往往非常好。（　　）

（二）单选题

1. 当一家珠宝淘宝店铺品牌影响力等各方面都到达了一定阶段，可以选择和（　　）合作进行引流店铺。

   A. KOL　　　　　B. KLO　　　　　C. OTO　　　　　D. OTB

2. 网络珠宝店铺找 KOL 营销时要注意考察这个 KOL 的专业度，并且合作时尽量把（　　）沟通清楚。

   A. 产品价格　　　B. 产品亮点　　　C. 商家利润　　　D. 员工工资

二、学习效果测评

1. 您是否了解 KOL 推广的含义和特点？（　　）

   A. 完全了解　　　B. 基本了解　　　C. 基本不了解　　　D. 完全不了解

2. 您是否了解 KOL 推广的形式？（　　）

   A. 完全了解　　　B. 基本了解　　　C. 基本不了解　　　D. 完全不了解

知识 运用

请在课后运用所学的知识，为"周小宝"珠宝公司策划一次 KOL 营销推广活动。

主要参考文献

鲍舒丽.打造金牌网店客服[M].北京:人民邮电出版社,2012.

人力资源和社会保障部教材办公室.电子商务师:三级[M].北京:中国劳动社会保障出版社,2015.

人力资源和社会保障部教材办公室.电子商务师:四级[M].北京:中国劳动社会保障出版社,2014.

国土资源部珠宝玉石首饰管理中心.珠宝首饰营业员[M].北京:中国大地出版社,2001.

林海.网店客服[M].北京:清华大学出版社,2014.

阿里巴巴商学院,淘宝大学.网店客服[M].北京:电子工业出版社,2014.

阿里巴巴商学院,淘宝大学.网店美工[M].北京:电子工业出版社,2011.

阿里巴巴商学院,淘宝大学.网店美工实操[M].北京:电子工业出版社,2013.

姚歆,赵敏.奢侈品网上零售[M].北京:对外经济贸易大学出版社,2010.

附录 知识测评参考答案

导论 走进珠宝网络营销

(一)是非题 1.× 2.× 3.√ 4.× 5.√
(二)单选题 1.D 2.A 3.B 4.D 5.D

项目一 运营珠宝网店

任务一 认识珠宝网店

选择题 1.D 2.C 3.A 4.ABD

任务二 开通珠宝网店

选择题 1.C 2.ACD 3.A

任务三 上传珠宝产品

选择题 1.A 2.B 3.BCD

任务四 珠宝网店宣传

选择题 1.ABCD 2.C 3.B 4.ABCD

任务五 珠宝产品库存与物流

多选题 1.ABCD 2.ABC 3.BCD 4.ABCD

项目二 运营珠宝网站

任务一 认识珠宝企业网站的营销功能

单选题 1.A 2.B 3.C 4.C 5.B

任务二 珠宝企业网站建设前期准备

单选题 1.D 2.C 3.B 4.A 5.A

任务三 珠宝企业网站的制作

单选题　1. C　2. B　3. C　4. B　5. D

任务四 珠宝企业网站的备案、推广与维护

单选题　1. D　2. D　3. A　4. C　5. C

项目三　撰写珠宝网络营销文案

任务一 撰写珠宝网店首页文案

(一)是非题　1. √　2. √　3. √　4. √　5. ×
(二)单选题　1. C　2. B　3. B　4. D　5. A

任务二 撰写珠宝类商品标题和描述性文案

(一)是非题　1. √　2. √　3. ×　4. √　5. √
(二)单选题　1. A　2. B　3. C　4. D　5. B

任务三 撰写珠宝网络营销促销文案

(一)是非题　1. ×　2. √　3. √　4. ×　5. √
(二)单选题　1. A　2. B　3. C　4. D　5. C

任务四 撰写珠宝营销软文

(一)是非题　1. ×　2. ×　3. ×　4. √　5. √
(二)多选题　1. ABCDE　2. ABCD　3. AB　4. ABDE　5. ABCD

项目四　珠宝网络营销美工

任务一 珠宝网店网站布局和商品展示分析

(一)是非题　1. √　2. ×　3. √　4. √　5. √
(二)单选题　1. A　2. A　3. C　4. D　5. B

任务二 珠宝网店图片素材拍摄规划

(一)是非题　1. √　2. ×　3. ×　4. ×　5. √
(二)单选题　1. A　2. D　3. B　4. B　5. A

任务三 珠宝网店商品图片处理

(一)是非题　1. √　2. √　3. √　4. ×　5. √

(二) 单选题　1. B　　2. C　　3. D　　4. A　　5. B

项目五　珠宝网络营销客服

任务一　珠宝网络营销售前准备

(一) 是非题　1. ×　　2. ×　　3. √　　4. √　　5. √
(二) 单选题　1. D　　2. A　　3. C　　4. C　　5. D

任务二　珠宝网络营销售中服务

(一) 是非题　1. √　　2. ×　　3. √　　4. √　　5. √
(二) 单选题　1. B　　2. A　　3. D　　4. A　　5. D

任务三　珠宝网络营销售后服务

(一) 是非题　1. √　　2. √　　3. √　　4. √　　5. √
(二) 单选题　1. A　　2. B　　3. C　　4. D　　5. B

项目六　珠宝网络营销推广

任务一　珠宝网络营销推广模式

(一) 是非题　1. ×　　2. √　　3. ×　　4. √　　5. √　　6. √　　7. ×　　8. √　　9. ×　　10. √
(二) 多选题　1. ABCD　　2. ABCD　　3. ABCD　　4. ABD　　5. ACD

任务二　珠宝微信营销推广

(一) 是非题　1. √　　2. √　　3. √　　4. ×　　5. ×
(二) 多选题　1. ABCD　　2. ABD　　3. ABCD　　4. ABCD　　5. ABCD

任务三　珠宝微博营销推广

(一) 是非题　1. √　　2. ×　　3. ×　　4. ×　　5. √
(二) 多选题　1. ABCD　　2. ACD　　3. ABCD　　4. ABCD　　5. ABCDE

任务四　珠宝KOL营销推广

(一) 是非题　1. √　　2. √
(二) 单选题　1. A　　2. B